职业技术教育轨道信号类专业系列教材

自动闭塞图册

主编 ◎ 宋玉鼎　李福建　蒋　荣
主审 ◎ 孙　博　侯攀科

西南交通大学出版社
·成　都·

图书在版编目（CIP）数据

自动闭塞图册/宋玉鼎，李福建，蒋荣主编. -- 成都：西南交通大学出版社，2024.1

职业技术教育轨道信号类专业系列教材

ISBN 978-7-5643-9727-2

Ⅰ. ①自… Ⅱ. ①宋… ②李… ③蒋… Ⅲ. ①铁路信号 – 自动闭塞 – 图集 Ⅳ. ①U284.43-64

中国国家版本馆 CIP 数据核字（2024）第 016219 号

责任编辑	何明飞
封面设计	何东琳设计工作室

职业技术教育轨道信号类专业系列教材

Zidong Bise Tuce

自动闭塞图册

主编 宋玉鼎 李福建 蒋 荣

出版发行	西南交通大学出版社 （四川省成都市二环路北一段 111 号 西南交通大学创新大厦 21 楼）
营销部电话	028-87600564　028-87600533
邮政编码	610031
网　　址	http://www.xnjdcbs.com
印　　刷	四川玖艺呈现印刷有限公司
成品尺寸	370 mm × 260 mm
印　　张	1.75
插　　页	16
字　　数	199 千
版　　次	2024 年 1 月第 1 版
印　　次	2024 年 1 月第 1 次
书　　号	ISBN 978-7-5643-9727-2
定　　价	49.00 元

图书如有印装质量问题　本社负责退换

版权所有　盗版必究　举报电话：028-87600562

前 言

区间自动闭塞系统是当前铁路信号最重要的技术装备之一，ZPW-2000A移频自动闭塞系统是我国自主研发的区间自动闭塞设备，是我国区间闭塞制式发展的重要标志。ZPW-2000A移频自动闭塞系统的发展使铁路信号技术进入了全新阶段。ZPW-2000A移频自动闭塞系统具有安全、可靠、功能强等优点，能更好地满足现代普速铁路与高速铁路的技术要求。

随着铁路信号技术装备的发展，迫切要求信号系统的施工、维护人员提高技术水准，尽快地熟练掌握ZPW-2000A移频自动闭塞系统等新技术。为了满足铁道信号专业教学和现场技术培训的要求，我们编制了这本《自动闭塞图册》。本图册根据TB 10007—2017《铁路信号设计规范》的要求编制，与铁路现场实际使用信号工程图册基本一致。区间信号教学使用本图册，可以让学生学会工程图表的识读方法，提高读图、识图能力。本图册由洛阳铁路信息工程学校宋玉鼎、李福建、蒋荣主编，赵万富参编，洛阳轨道交通集团有限公司孙博、侯攀科主审。其中宋玉鼎编制了图03-LT-309至图03-LT-310，李福建编制了图03-LT-301至图03-LT-308，蒋荣编制了图03-LT-311至图03-LT-318，赵万富编制了图03-LT-319至图03-LT-322。

在图册的编写过程中，得到了很多专家的帮助和支持，在此一并表示感谢。因时间仓促，水平有限，本图册难免有不妥和欠缺之处，恳请读者多提批评和建议，以不断提高质量。

编 者

2024年1月

图册目录

编号	图纸名称	图号		页码
1	图册目录	03-LT-301		
2	区间信号平面布置图	03-LT-302		001
3	区间移频架排列表	03-LT-303		002
4	区间综合架排列表	03-LT-304		003
5	区间组合架排列表	03-LT-305		004
6	自动闭塞信息码传输序列表(1~2)	03-LT-306		005
7	自动闭塞方向电路图(1~4)	03-LT-307		007
8	区间2000A室内模拟主轨及小轨电路图	03-LT-308		011
9	闭塞分区电路图(1~8)	03-LT-309		012
10	站间联系电路图(1~4)	03-LT-310		020
11	区间(N+1)电路及移频报警电路图	03-LT-311		022
12	区间组合架零层电源端子配线图	03-LT-312		023
13	区间组合内部配线表(1~5)	03-LT-313		024
14	点灯隔离变压器组合内部配线表	03-LT-314		029
15	区间移频柜QY零层配线表	03-LT-315		030
16	区间综合架QZH零层配线表	03-LT-316		031
17	区间组合架侧面配线表(1~2)	03-LT-317		032
18	区间综合架QZH组合侧面配线表	03-LT-318		034
19	综合实训基地区间信号平面及电缆布置图	03-LT-319		035
20	综合实训基地区间干线电缆配线图	03-LT-320		036
21	综合实训基地区间通过信号机电缆接线图	03-LT-321		037
22	0923G闭塞分区电路图	03-LT-322		038
23	参考文献			039

设 计		图册目录	图 号	03-LT-301
复 核			日 期	
专项技术负责			第 1 张 共 1 张	

K021 +500
洛铁站
3G
I G
II G
4G
S I
X I
S II
X II
K020+190
0201
1700-1
0201G
K021+313
0213
2300-1
60M
0213G
K021+253
X
K022+753
SF
1700-2
X1LQG
0246
K024+600
0214G
2600-2
0214
K021+335
S1LQG
65M
2000-2
XF
K021+270
K022+752
S
0234G
2600-1

设 计	
复 核	
专项技术负责	

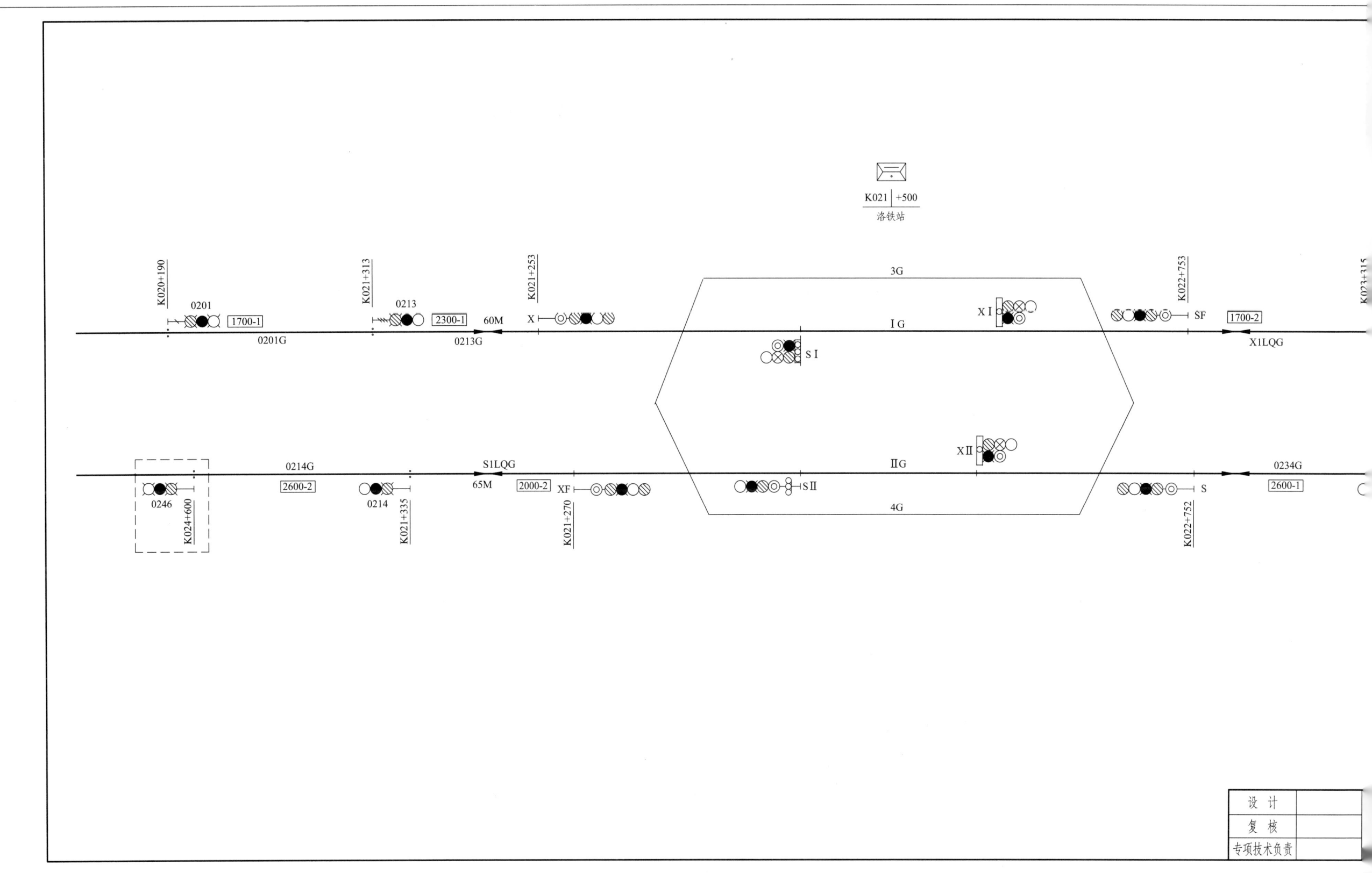

设备名称		架位									
		QY1									
零层	四柱电源端子板	D1		D2		D3		D4		D5	
	熔断器板(每块板两个保险)	RD1 RD2	RD3 RD4	RD5 RD6	RD7 RD8	RD9 RD10	RD11 RD12	RD13 RD14	RD15 RD16	RD17 RD18	RD19 RD20
	3×18端子板	01.02.03 1	01.02.03 2	01.02.03 3	01.02.03 4	01.02.03 5	01.02.03 6	01.02.03 7	01.02.03 8	01.02.03 9	01.02.03 10
发送器(FS)	名称	0201G	1FS	0213G	3FS	X1LQG	5FS	0233G	7FS	N+1	9FS
	类型		ZPW·F		ZPW·F		ZPW·F		ZPW·F		ZPW·F
接收器(JS)	名称		1JS		3JS		5JS		7JS		9JS
	类型		ZPW·J		ZPW·J		ZPW·J		ZPW·J		ZPW·J
	并机位置		2JS		4JS		6JS		8JS		10JS
采集衰耗盘(SC)	名称	1700-1	1SC	2300-1	3SC	1700-2	5SC	2300-2	7SC	X S	9SC
	类型		ZPW·PS		ZPW·PS		ZPW·PS		ZPW·PS		ZPW·PS
采集衰耗盘(SC)	名称	0214G	2SC	S1LQG	4SC	0234G	6SC	0246G	8SC		10SC
	类型		ZPW·PS		ZPW·PS		ZPW·PS		ZPW·PS		ZPW·PS
发送器(FS)	名称		2FS		4FS		6FS		8FS		10FS
	类型		ZPW·F		ZPW·F		ZPW·F		ZPW·F		ZPW·F
接收器(JS)	名称	2600-2	2JS	2000-2	4JS	2600-1	6JS	2000-1	8JS		10JS
	类型		ZPW·J		ZPW·J		ZPW·J		ZPW·J		ZPW·J
	并机位置		1JS		3JS		5JS		7JS		9JS
		区段名称 载频		区段名称 载频		区段名称 载频		区段名称 载频		区段名称 载频	
纵向组合位置		1		3		5		7		9	
		2		4		6		8		10	

设计		区间移频架排列表	图号	03-LT-303
复核			日期	
专项技术负责			第 1 张 共 1 张	
			002	

组匣位置	组匣类型	柜架名称 QZH1（区间综合架）									
0	零层	D1 D2 D3 D4 D5 D6 D7 D8 D9 D10 D11 D12 D13 D14 D15 D16 D17 D18 D19 D20 D21 D22 D23 D24 D25 D26 D27 D28 D29 D30 D31 D32									
9		FLMW		1 0201G FS ZPW·PML	2 0201G JS ZPW·PML	3 0213G FS ZPW·PML	4 0213G JS ZPW·PML	5 X1LQG FS ZPW·PML	6 X1LQG JS ZPW·PML	7 0233G FS ZPW·PML	8 0233G JS ZPW·PML
8		FLMW		1 0214G FS ZPW·PML	2 0214G JS ZPW·PML	3 S1LQG FS ZPW·PML	4 S1LQG JS ZPW·PML	5 0234G FS ZPW·PML	6 0234G JS ZPW·PML	7 0246G FS ZPW·PML	8 0246G JS ZPW·PML
7											
6											
5											
4		D	0 RD1-RD2	1 0201 BGY2-80	2 0213 BGY2-80	0233 BGY2-80					
3		D	0 RD1-RD2	0214 BGY2-80	0234 BGY2-80	0246 BGY2-80					
2											
1											

注：1.零层D1~D32为18柱端子板；防雷接地铜板条(FLE)和电缆接地铜板条(DLE)，
均为带24个M6-ϕ14螺栓端子和一个M10-ϕ23螺栓端子的铜板条。
2.每个组匣放8个防雷电缆模拟网络盘。
3.RD1~RD3为断路器，均为1A.D有18柱端子。

设 计		区间综合架排列表	图 号	03-LT-304
复 核			日 期	
专项技术负责			第 1 张 共 1 张	
			003	

顺序	类型	0		01	02	03	04	05	06	07	08	09	10	11
1	U	R:RX20-25-51 C:CD15-1000μf -50V	2	QGJ	DJ	2DJ	FBJ	FBJF	TXJF	YXJF	（邻）LXJ2F	+1FBJ		
				JWXC-1700	JZXC-16/16	JZXC-16/16	JWXC-1700	JWXC-1700	JWXC-1700	JWXC-1700	JWXC-1700	JWXC-1700		
			1	QZJ	QZJF	QFJ	QFJF	GJ	GJF	LXJ2F	ZXJF	LUXJF	DJF	
				JWXC-1700	JWXC-1700	JWXC-1700	JWXC-1700	JWXC-1700	JWXC-1700	JWXC-1700	JWXC-1700	JWXC-1700	JWXC-H340	
2	L (JF)	RT:RX20-T-50-2K R: RX20-25-51Ω C: CD15-1000μf -50V	2	QGJ	DJ	2DJ	FBJ	FBJF	XGJ	GJF（邻）	DJF（邻）	XGJ（邻）		
				JWXC-1700	JZXC-16/16	JZXC-16/16	JWXC-1700	JWXC-1700	JWXC-1700	JWXC-H340	JWXC-H340	JWXC-1700		
			1	QZJ	QZJF	QFJ	QFJF	GJ	GJF	1GJ	2GJ	3GJ	DJF	
				JWXC-1700	JWXC-1700	JWXC-1700	JWXC-1700	JWXC-1700	JWXC-1700	JWXC-1700	JPXC-1000	JPXC-1000	JWXC-H340	
3	LU (F)	R:RX20-25-51Ω C:CD15-1000μf -50V	2	QGJ	DJ	2DJ	FBJ	FBJF	DJF		GJF（邻）	GJ（邻）	XGJ（邻）	XGJ
				JWXC-1700	JZXC-16/16	JZXC-16/16	JWXC-1700	JWXC-1700	JWXC-H340		JWXC-H340	JWXC-1000	JPXC-1000	JWXC-1700
			1	QZJ	QZJF	QFJ	QFJF	GJ	GJF	1GJ	LXJ3F	ZXJ2F	LUXJ2F	
				JWXC-1700	JWXC-1700	JWXC-1700	JWXC-1700	JWXC-1700	JWXC-1700	JWXC-1700	JWXC-1700	JWXC-1700	JWXC-1700	
4	1LQ	R:RX20-25-51Ω C:CD15-1000μf -50V	2	QGJ	LXJ2F	YXJF	FBJ	FBJF	ZXJF	TXJF	（邻）LXJ2F	DJ（邻）	GJ（邻）	+1FBJ/QYBJ
				JWXC-1700	JWXC-1700	JWXC-1700	JWXC-1700	JWXC-1700	JWXC-1700	JWXC-1700	JWXC-1700	JWXC-1000	JWXC-1000	JWXC-1700
			1	QZJ	QZJF	QFJ	QFJF	GJ	GJF	1GJ	2GJ	3GJ		
				JWXC-1700	JWXC-1700	JWXC-1700	JWXC-1700	JWXC-1700	JWXC-1700	JWXC-1700	JWXC-1700	JWXC-1700		
5	ZL		2	GJF（邻）	1GJ（邻）	2GJ（邻）	DJF（邻）	XGJ(邻)	GJF（邻）	1GJ（邻）	2GJ（邻）	DJF（邻）	XGJ（邻）	
				JWXC-1700	JWXC-1700	JWXC-1700	JWXC-H340	JWXC-1700	JWXC-1700	JWXC-1700	JWXC-1700	JWXC-H340	JWXC-1700	
			1											
6			2											
			1											
7			2											
			1											
8			2											
			1											

位置	架别	
	QZ1	QZ2
零层	D1~D13	D1~D13
5	LU(F)	L(JF)
	0201G	0214G
4	U	1LQ
	0213G	S1LQG
3	1LQ	U
	X1LQG	0234G
2	L(JF)	LU(F)
	0233G	0246G
1	ZH	ZL
	0213,0214 0213G,S1LQG	

设计		区间组合架排列表	图号	03-LT-305
复核			日期	
专项技术负责			第 1 张 共 1 张	
			004	

					1JG	0201G	0213G	○SI		X1LQG	0233G	3LQG								
止向运行码序 追踪及接车码序	LU LU	U U	HU H	▭																
	L L	LU LU	U U	HU II	▭															
	L	L L	LU LU	U U	HU H	▭														
	L	L	L L	LU LU	U U	HU H	▭													
		L	L	L L	LU LU	U U	HU H													
			L	L	L L	LU LU	U U	HU H												
				L	L	L L	LU LU	U U	HU	HU H	▭									
					L	L	L L	LU LU	U	U U	HU H	▭								
						L	L	L L	LU	LU LU	U U	HU H	▭							
							L	L	L	L L	LU LU	U U	HU H	▭						
								L		L	L L	LU LU	U U	HU H	▭					
				L L	LU LU	U U	HB HB			L	L	L L	LU LU	U U	HU H	▭				
		L	L	L L	LU LU	U2 U	UU UU				L	L	L L	LU LU	U U	HU H				
			L	L	L L	LU LU	U2 U	UU L/LU/U	进直出弯											
灯丝断丝码序	L	L	L L	LU LU	U U	HU H	Ⓗ													
	L	L L	LU LU	U U	HU H	Ⓗ		HU H		Ⓗ	▭									
				L L	LU LU	U Ⓤ														
					L L	LU (LU)														
					L L	L Ⓛ														
反向运行码序 反向接车，反向发车码序											▭									
										▭										
	F	F	F	F	F	F	F			H HU	HU	F	F	F	F	F	F	F		
	F	F	F	F	F	F	F		H HU	U U	U	F	F	F	F	F	F	F		
	F	F	F	F	F	F	F		L L	L L	L	F	F	F	F	F	F	F		
	F	F	F	F	F	F	F	八字弯出	L UU	U U2	U2	F	F	F	F	F	F	F		
反向接车，正向发车码序	F	F	F	F	F	F	F			UU UU	UU	F	F	F	F	F	F	F		
	F	F	F	F	F	F	F		U UU	U U2	U2	F	F	F	F	F	F	F		
	F	F	F	F	F	F	F		LU UU	U U2	U2	F	F	F	F	F	F	F		
	F	F	F	F	F	F	F		L UU	U U2	U2	F	F	F	F	F	F	F		
	F	F	F	F	F	F	F			HB HB	HB	F	F	F	F	F	F	F		

设 计

复 核

专项技术负责

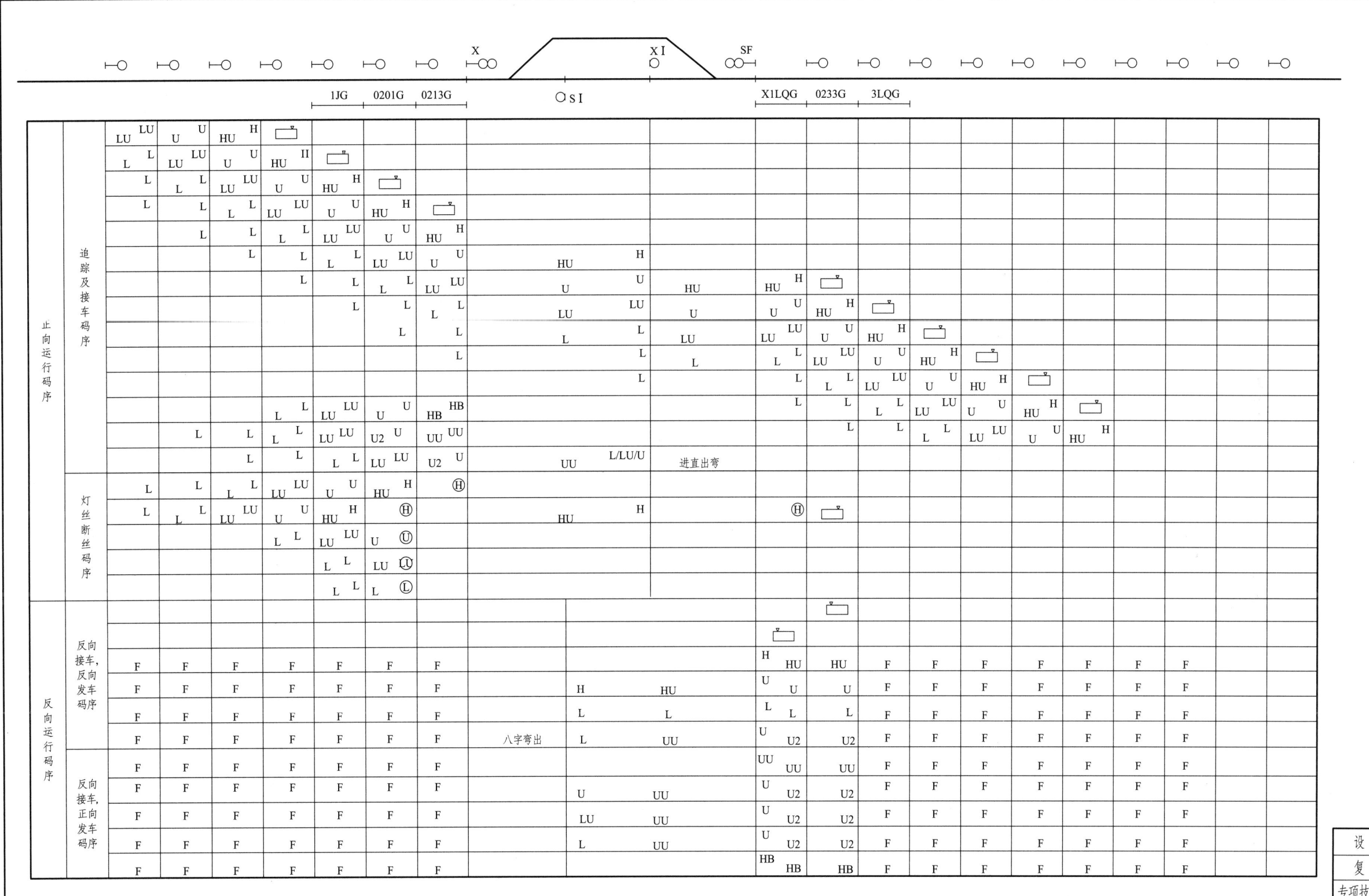

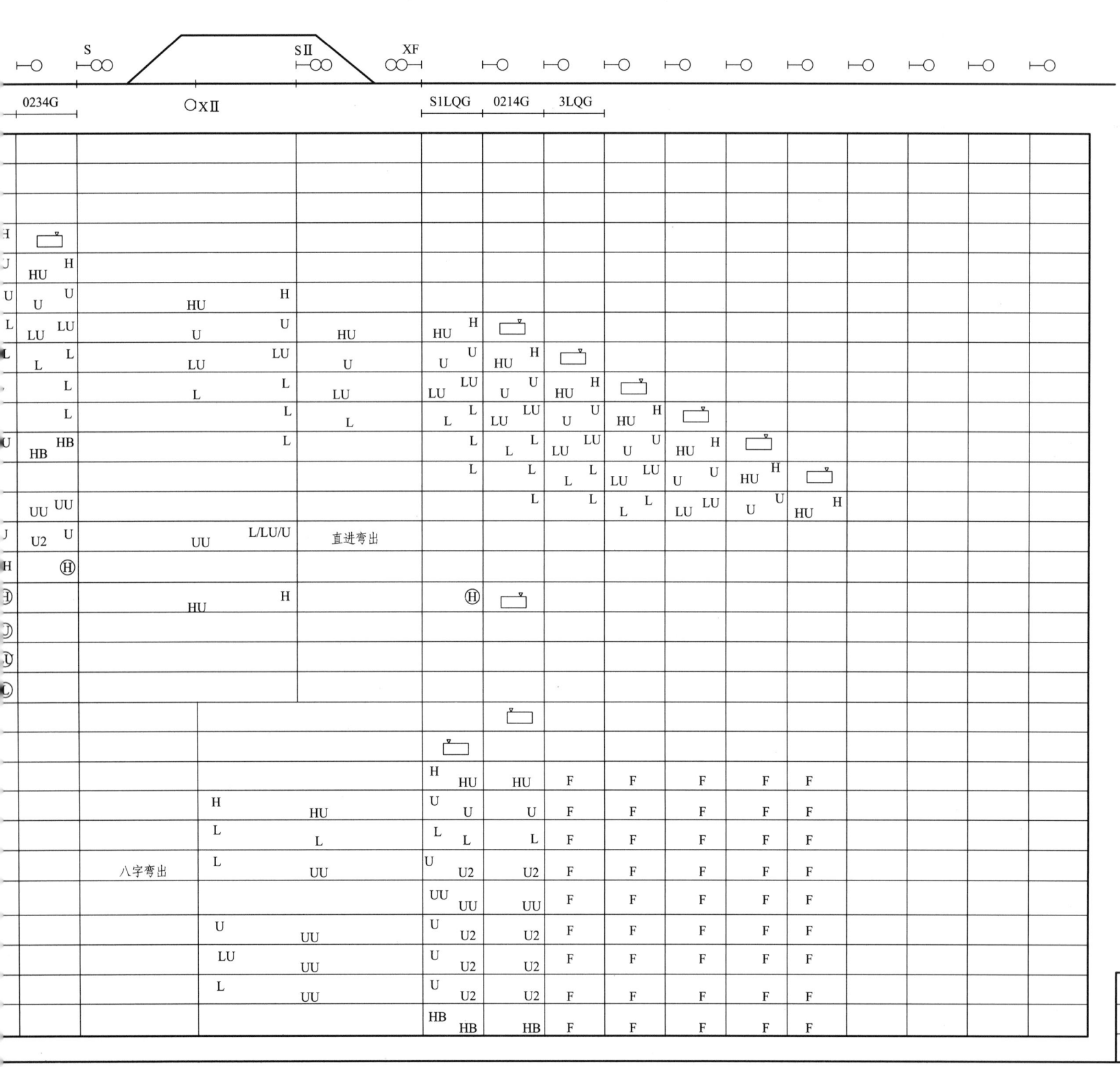

机车信号电码与低频频率对照一览表
（TB/3060）

电码	低频频率/Hz	机车显示	代码
L3	10.3	L	F18
L2	12.5	L	F16
L	11.4	L	F17
LU	13.6	LU	F15
U2	14.7	U2	F14
LU2	15.8	U	F13
U	16.9	U	F12
UU	18	UU	F11
HB	24.6	HUs	F5
HU	26.8	HU	F3
F	27.9		F2
H	29	H	F1

设 计		自动闭塞信息码传输序列表(S)	图 号	03-LT-306
复 核			日 期	
专项技术负责			第 2 张 共 2 张	
			006	

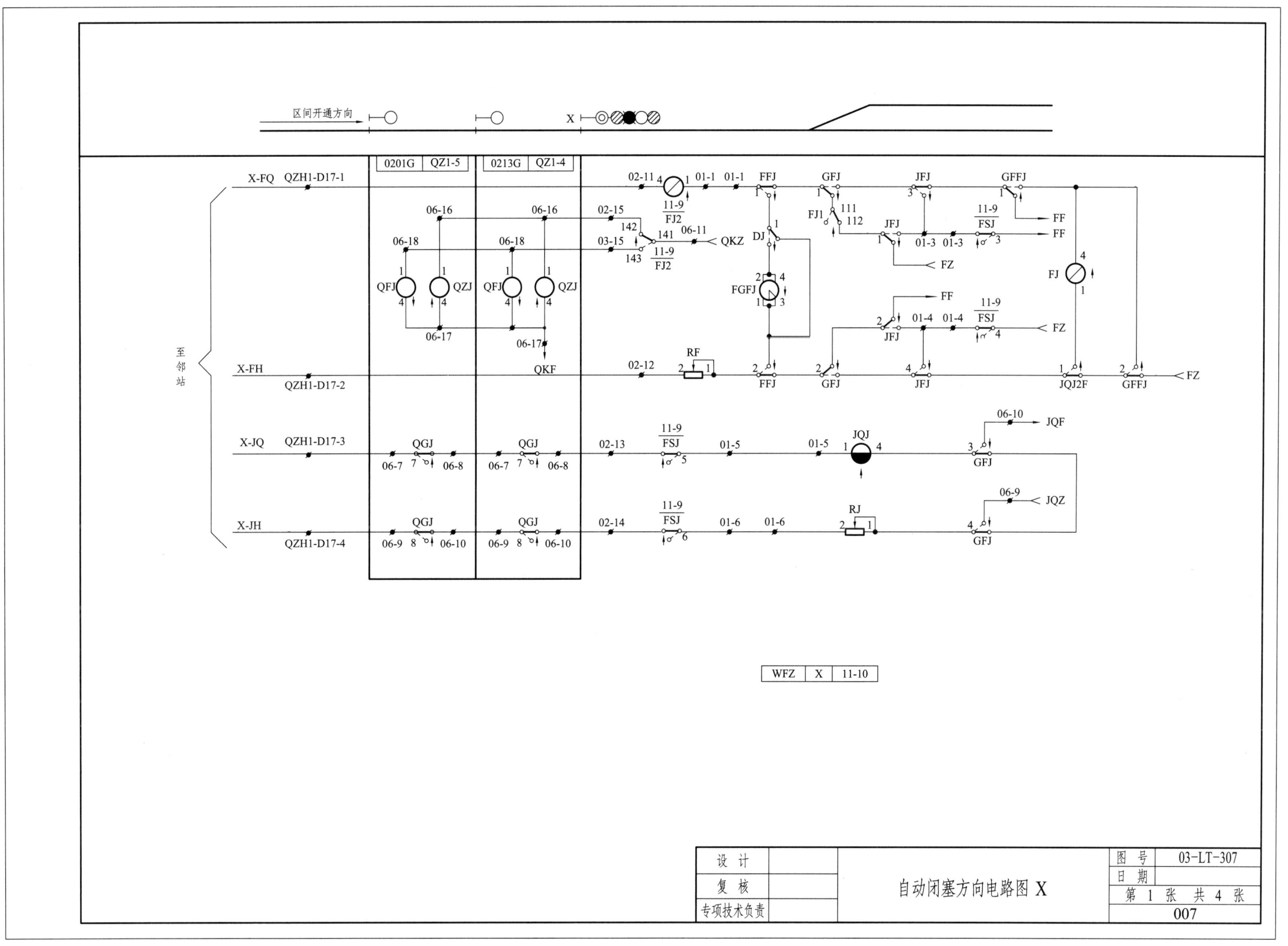

设 计		自动闭塞方向电路图 X	图 号	03-LT-307
复 核			日 期	
专项技术负责			第 1 张 共 4 张	
			007	

设 计		自动闭塞方向电路图 XF	图 号	03-LT-307
复 核			日 期	
专项技术负责			第 2 张 共 4 张	

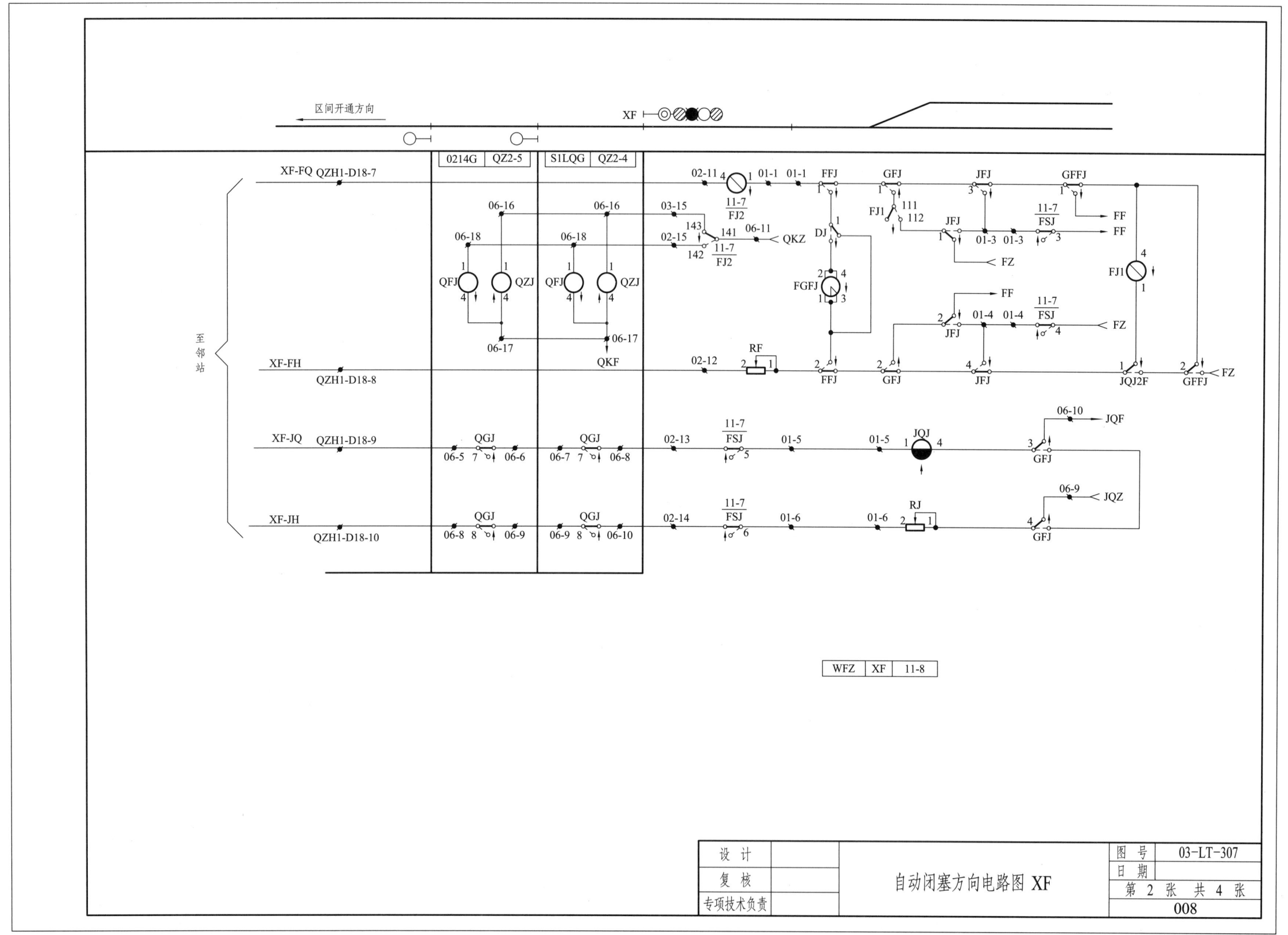

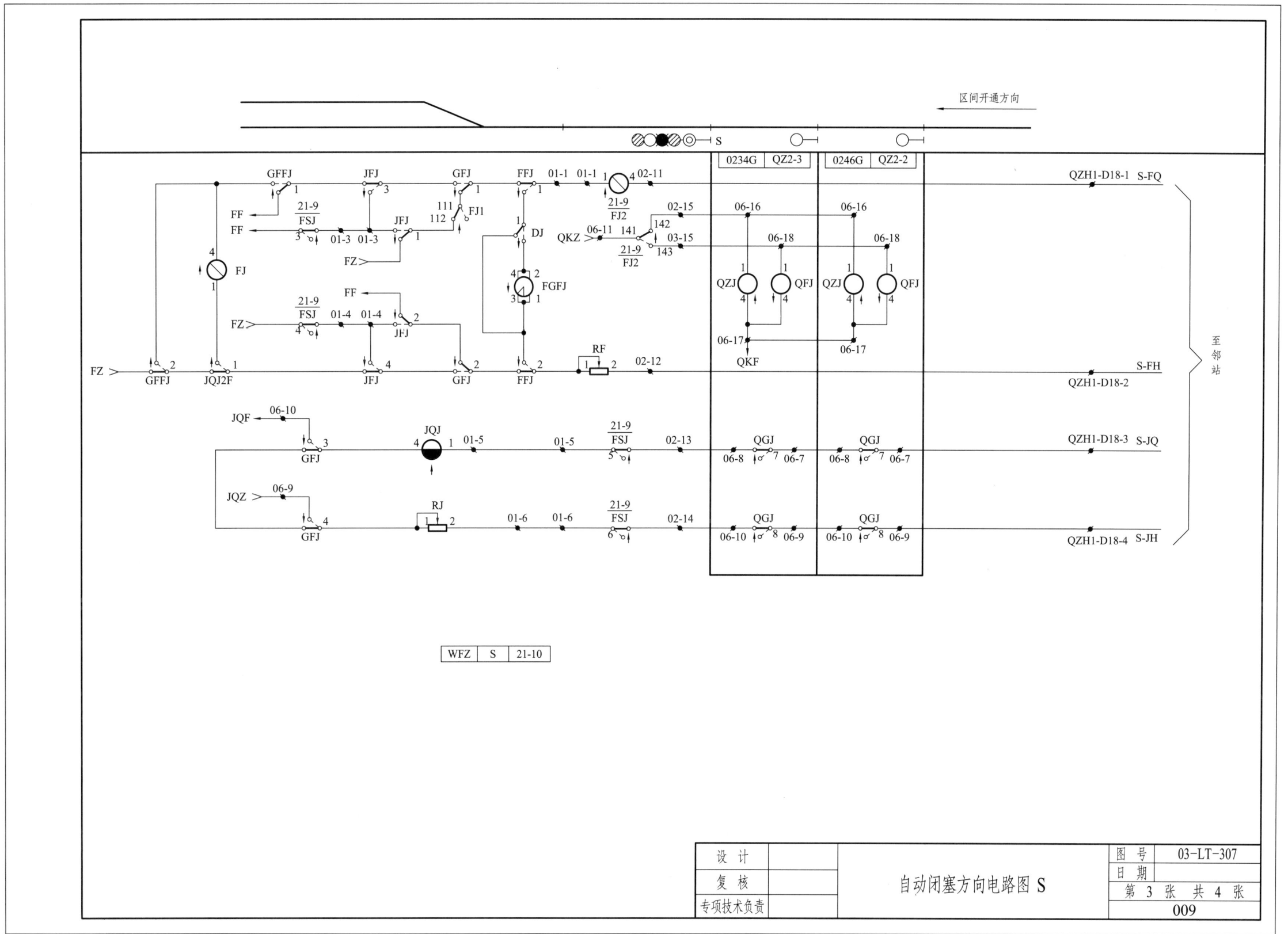

设 计		自动闭塞方向电路图 S	图 号	03-LT-307
复 核			日 期	
专项技术负责			第 3 张 共 4 张	
			009	

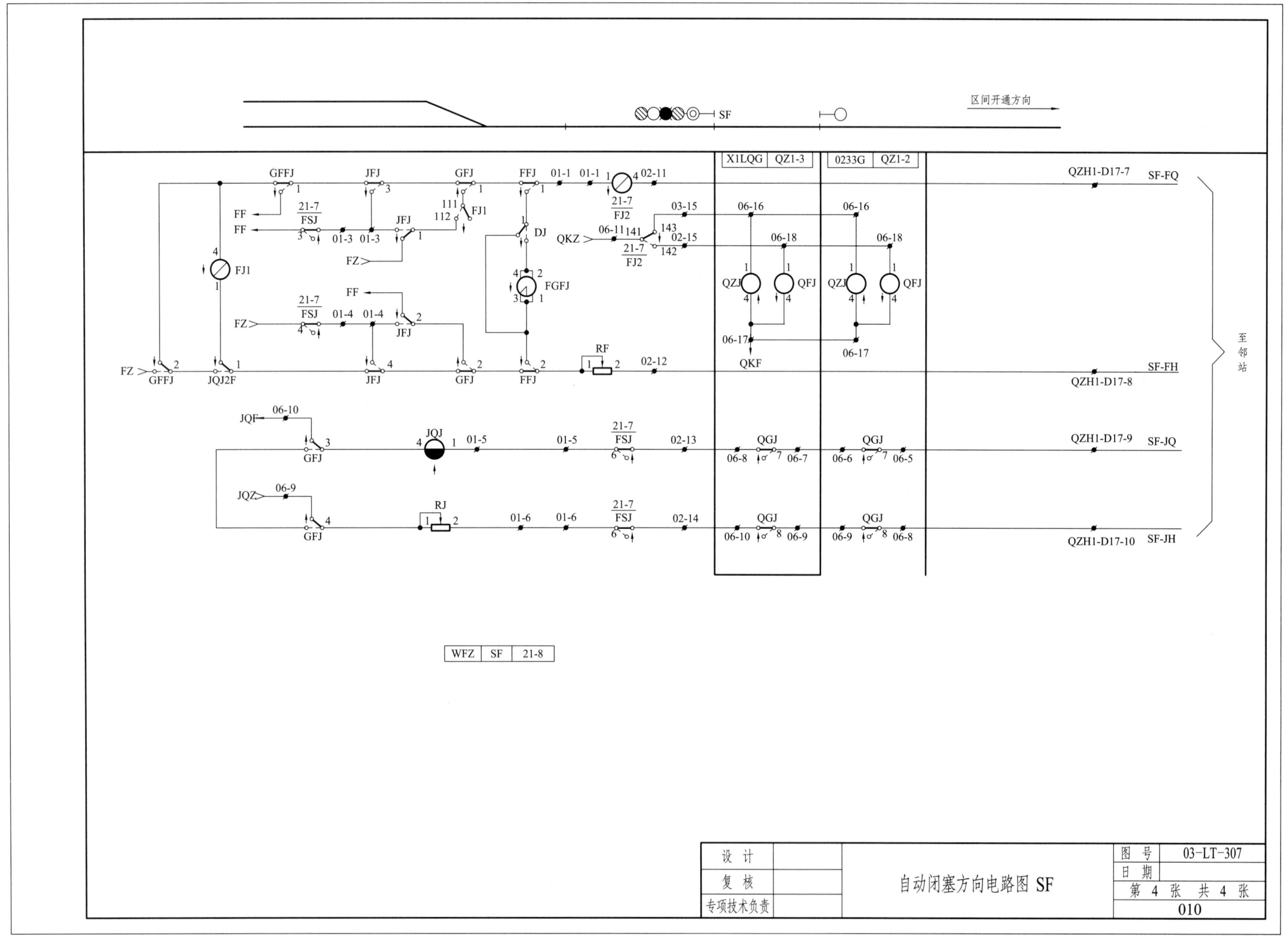

设 计		自动闭塞方向电路图 SF	图 号	03-LT-307
复 核			日 期	
专项技术负责			第 4 张 共 4 张	
			010	

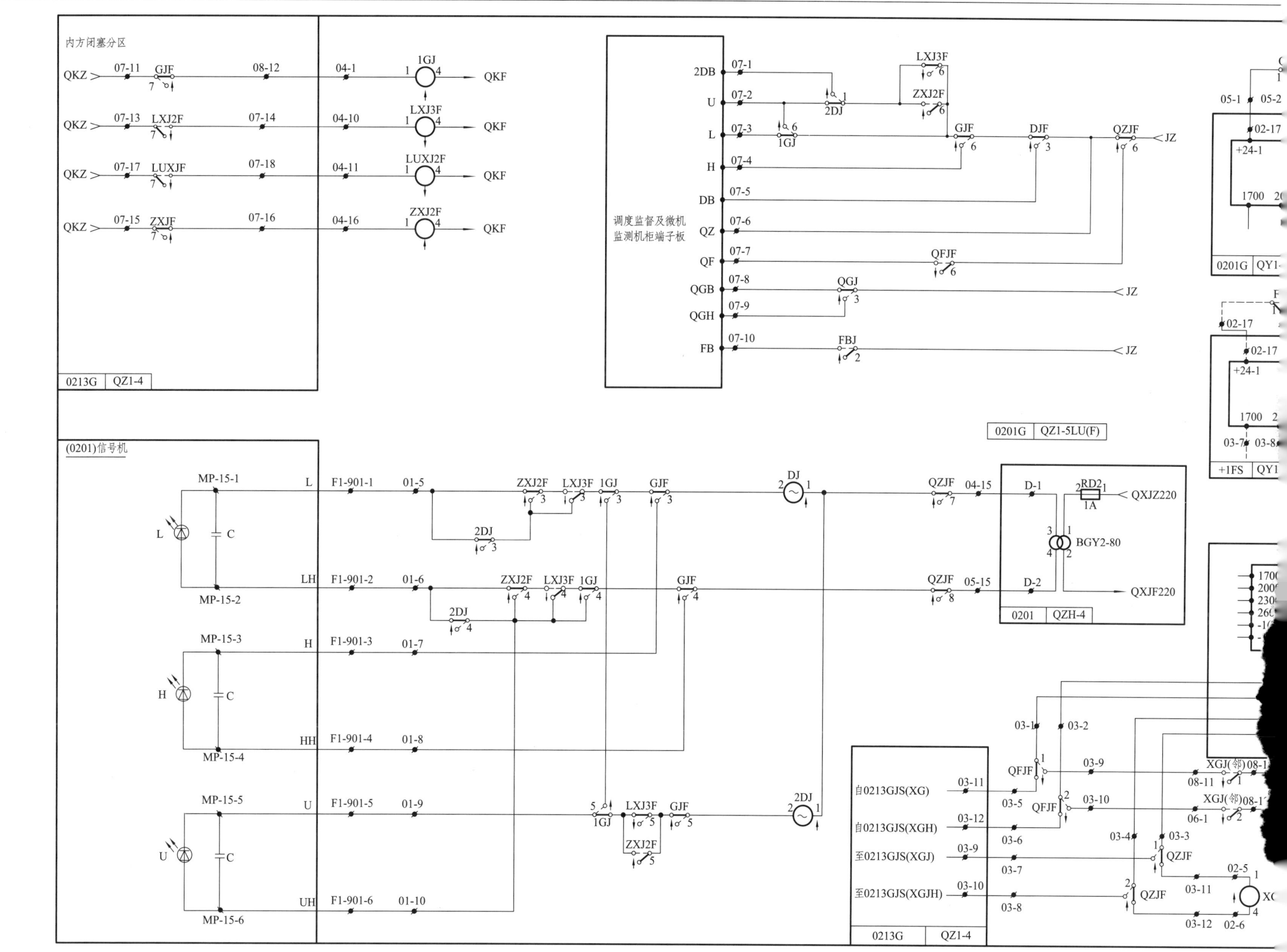

发送器8种载频端子内部连接表	
1700-1	+24-2~1700~-1
1700-2	+24-2~1700~-2
2000-1	+24-2~2000~-1
2000-2	+24-2~2000~-2
2300-1	+24-2~2300~-1
2300-2	+24-2~2300~-2
2600-1	+24-2~2600~-1
2600-2	+24-2~2600~-2

接收器主机8种载频端子内部连接表	
1700-1	+24~1700(Z)~-1(Z)
1700-2	+24~1700(Z)~-2(Z)
2000-1	+24~2000(Z)~-1(Z)
2000-2	+24~2000(Z)~-2(Z)
2300-1	+24~2300(Z)~-1(Z)
2300-2	+24~2300(Z)~-2(Z)
2600-1	+24~2600(Z)~-1(Z)
2600-2	+24~2600(Z)~-2(Z)

接收器并机8种载频端子内部连接表	
1700-1	(+24)~1700(B)~-1(B)
1700-2	(+24)~1700(B)~-2(B)
2000-1	(+24)~2000(B)~-1(B)
2000-2	(+24)~2000(B)~-2(B)
2300-1	(+24)~2300(B)~-1(B)
2300-2	(+24)~2300(B)~-2(B)
2600-1	(+24)~2600(B)~-1(B)
2600-2	(+24)~2600(B)~-2(B)

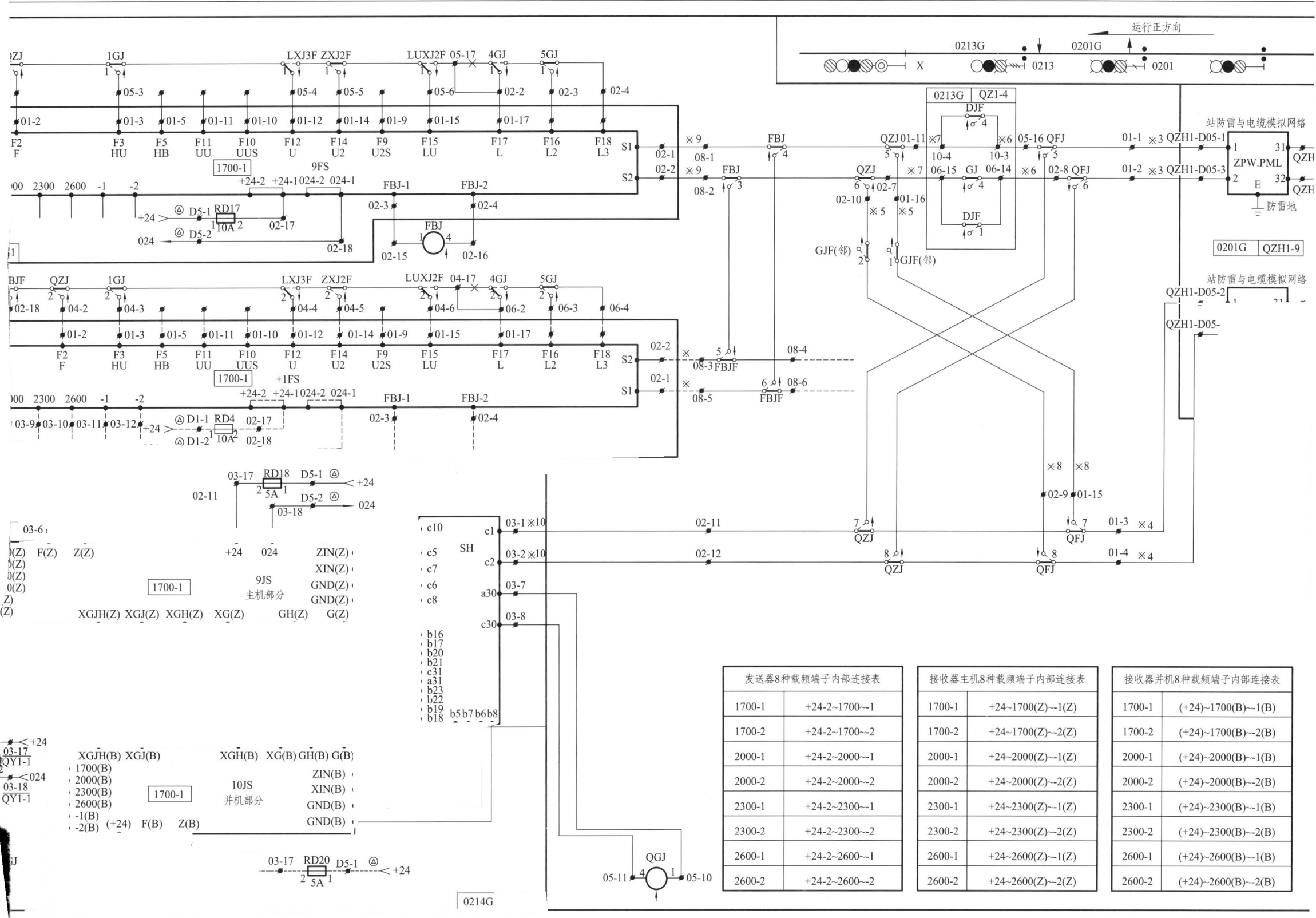

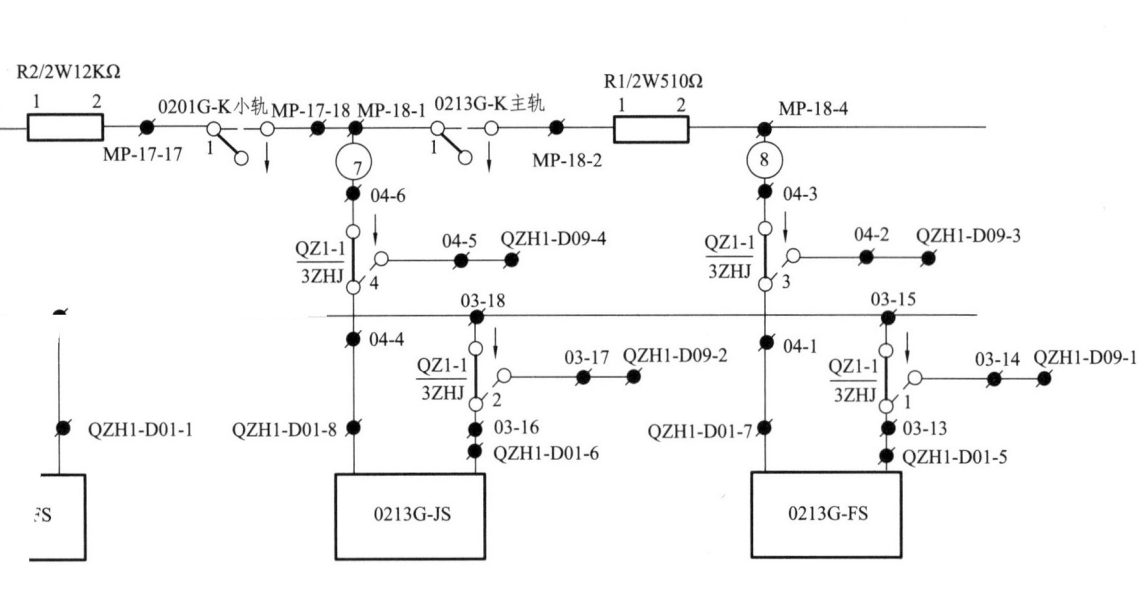
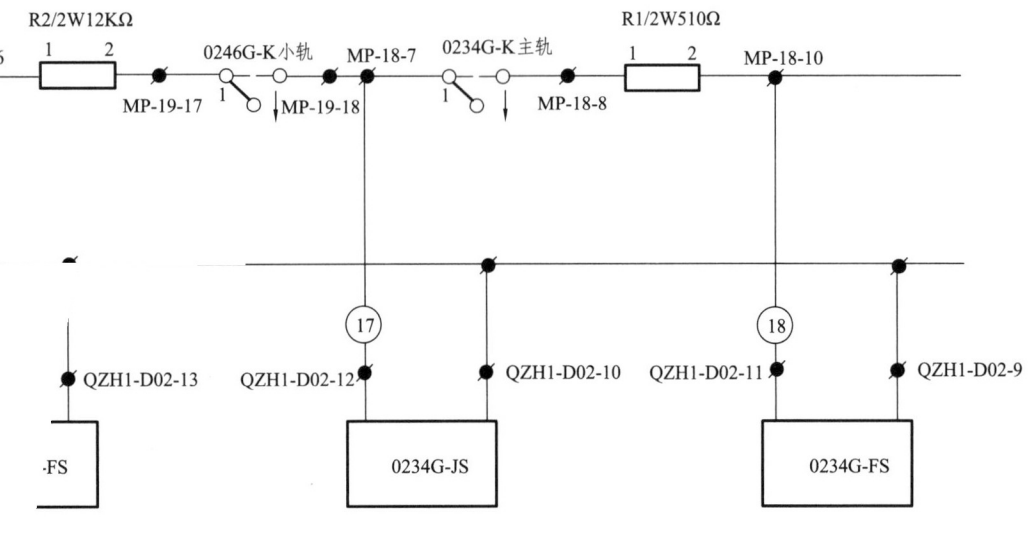

设 计	区间2000A室内模拟主轨及小轨电路图	图 号	03-LT-308
复 核		日 期	
专项技术负责		第 1 张 共 1 张 011	

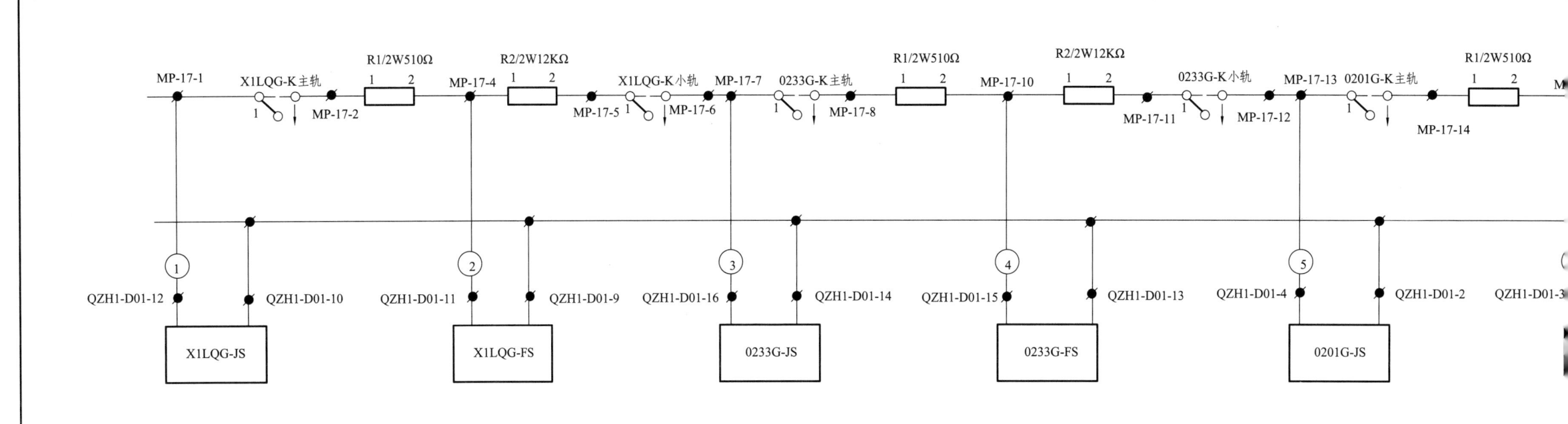
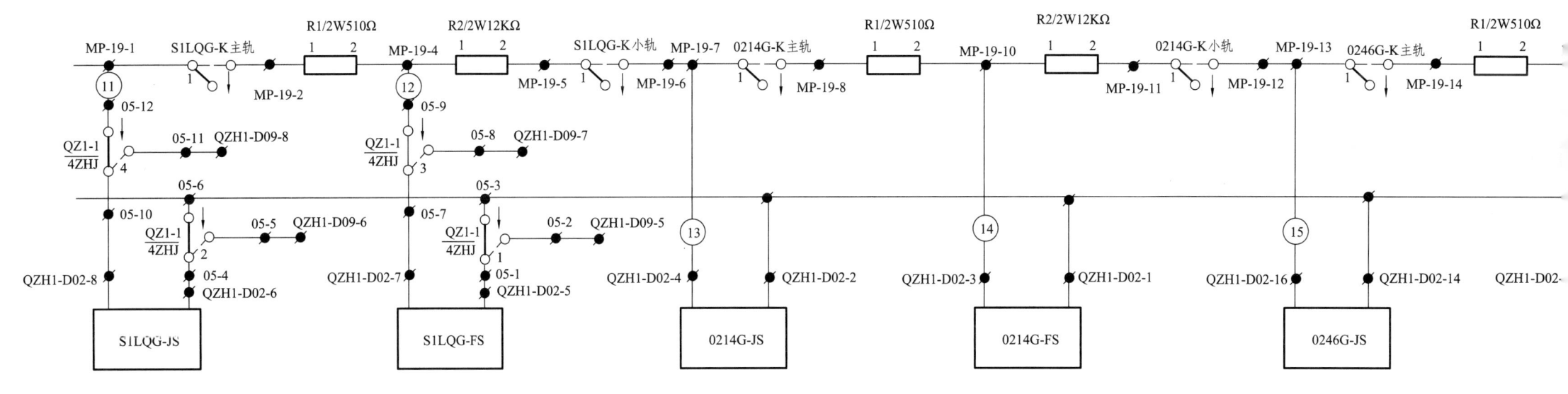

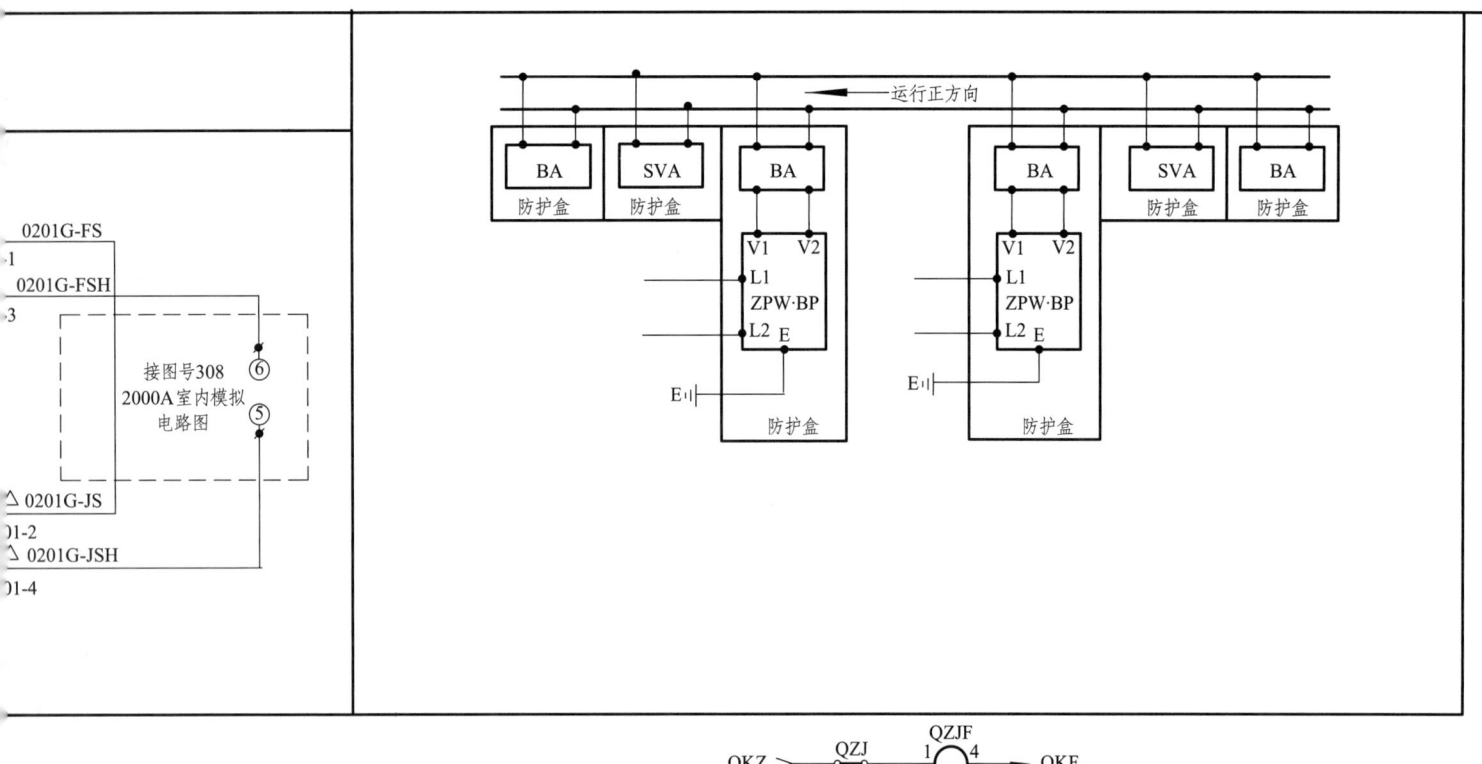

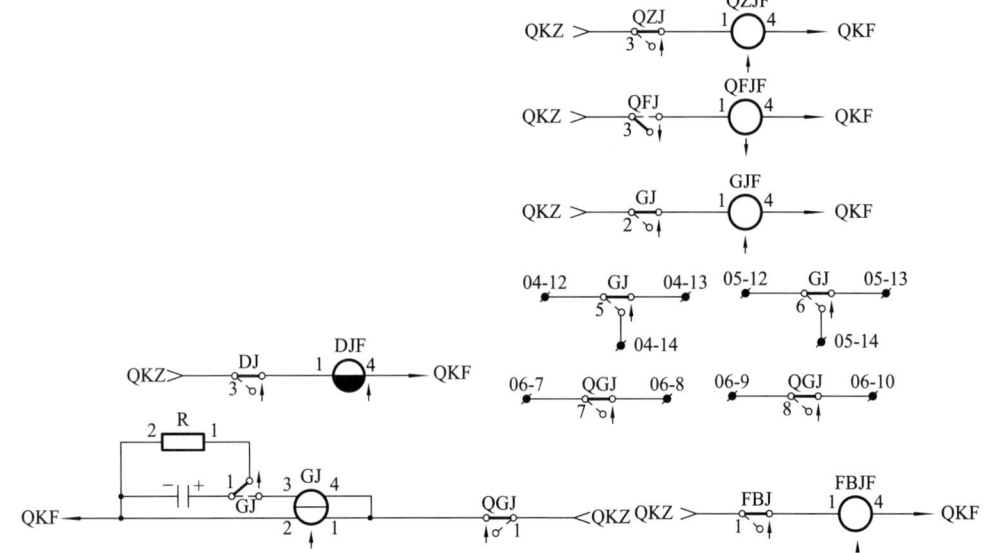

注：1.图中带 ⓐ 者采用 RVSZR2×32×0.2 双芯绞型阻燃塑料线；
2.图中带 ※ 者采用 SBVVPZR2×23×0.15 双芯绞型阻燃屏蔽线，屏蔽线一端接机壳；
3.图中带 △ 者采用 SPT 内屏蔽数字电缆,该种电缆两端的铝护套、钢带、内屏蔽层、排流线均应接地良好；
4.其余配线均采用 RVZR23×0.15 阻燃塑料软线；
5.关于移频架内部配线技术要求见工厂图。

设 计		0201G闭塞分区电路图	图 号	03-LT-309
复 核			日 期	
专项技术负责			第 1 张 共 8 张	

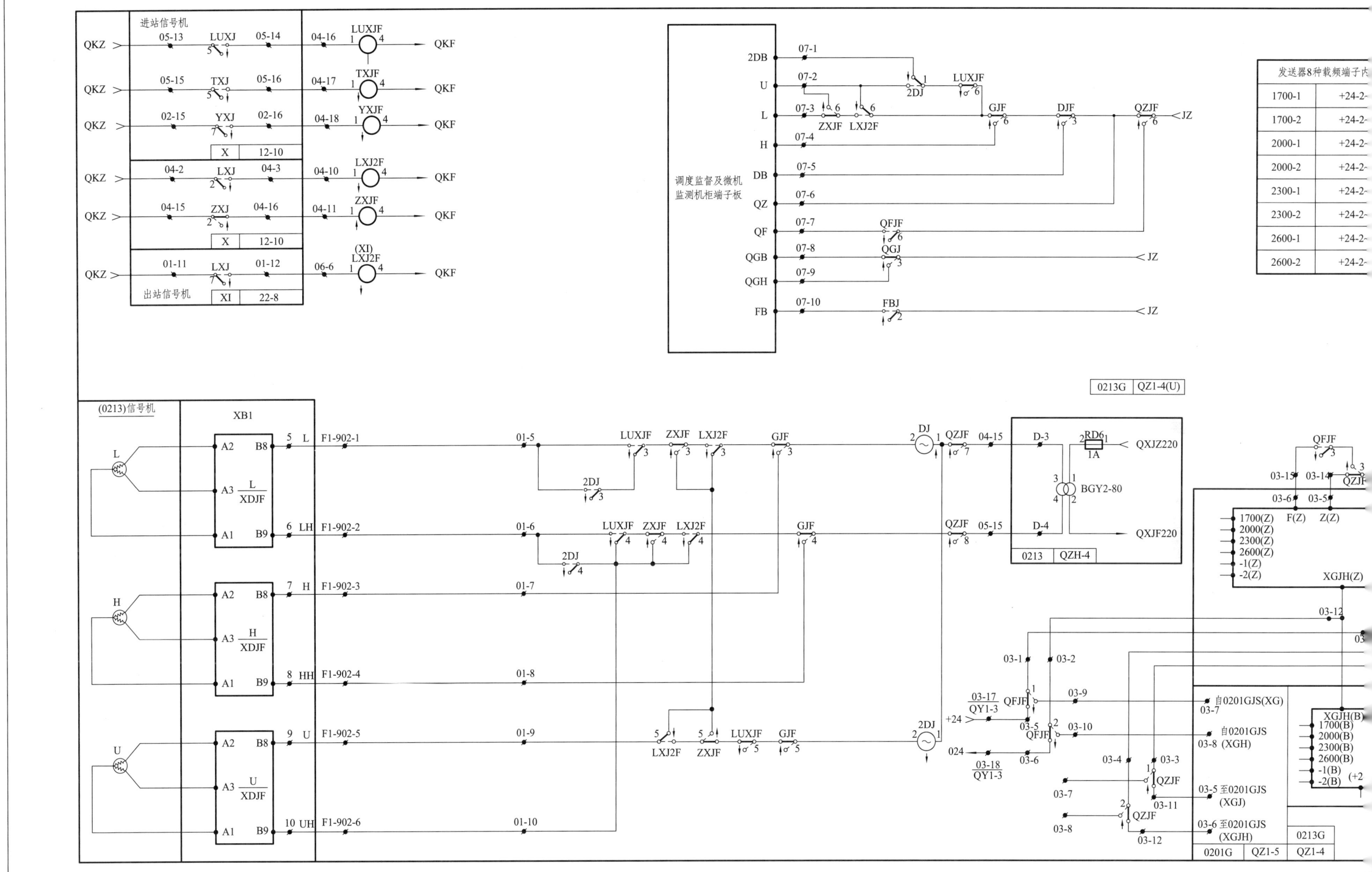

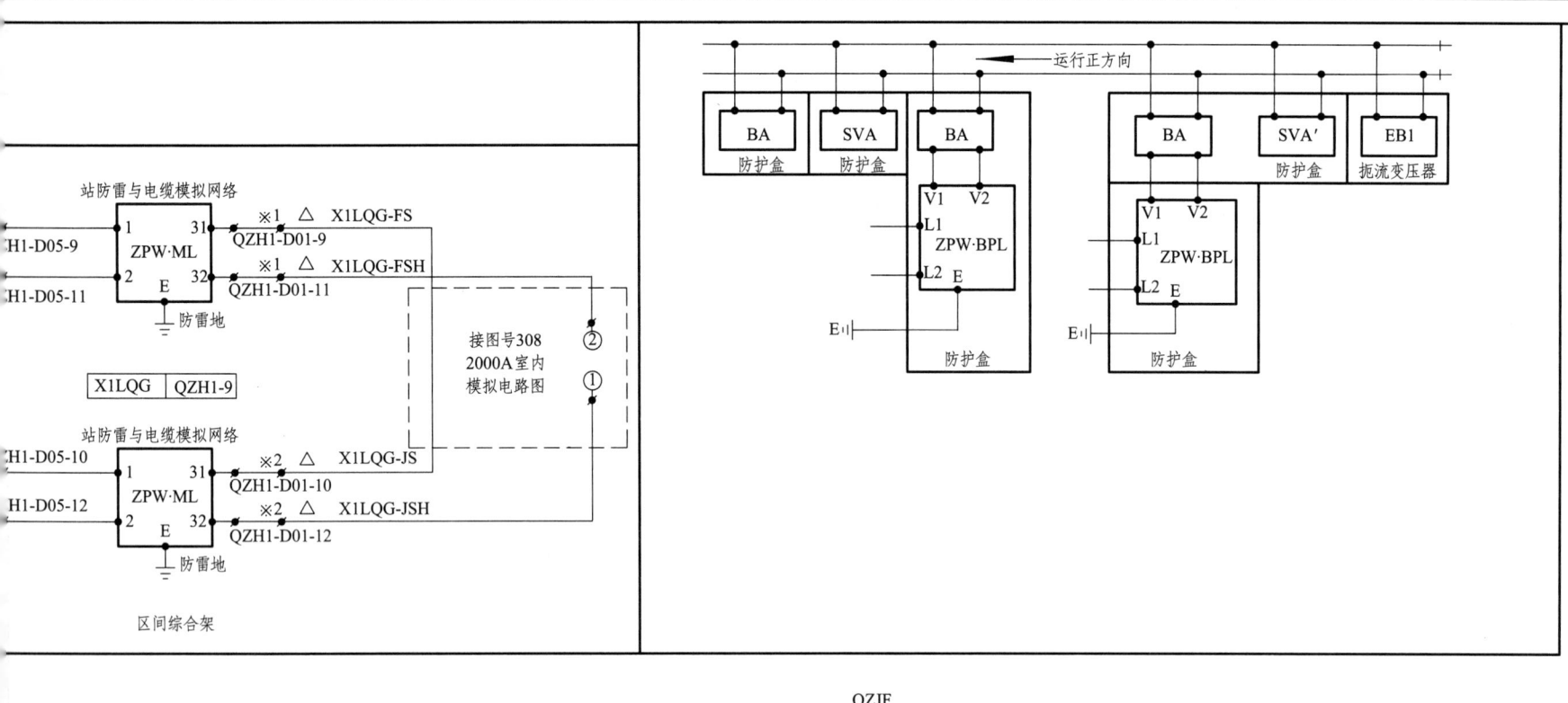

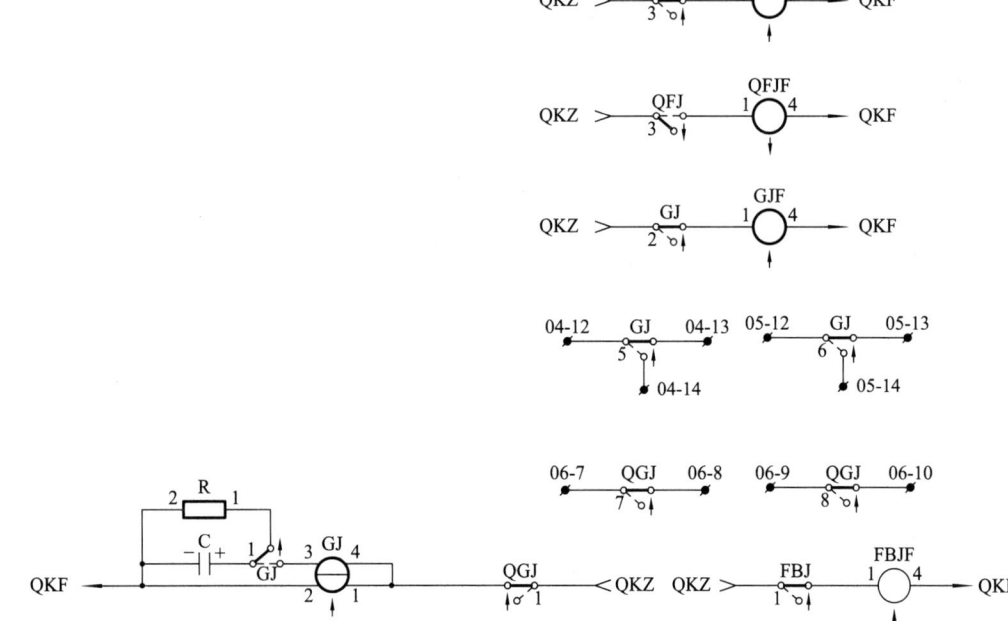

注：1.图中带(△)者采用 RVSZR2×32×0.2 双芯绞型阻燃塑料线。

2.图中带 ※者采用 SBVVPZR2×23×0.15 双芯绞型阻燃屏蔽线，屏蔽线一端接机壳。

3.图中带 △者采用 SPT内屏蔽数字电缆,电缆的铝护套、钢带、内屏蔽层、排流线均应接地良好。

4.其余配线均采用 RVZR23×0.15 阻燃塑料软线。

5.关于移频架内部配线技术要求见工厂图。

6.本图对应 1LQA 型组合配线。

设 计		X1LQG闭塞分区电路图	图 号	03-LT-309
复 核			日 期	
专项技术负责			第 3 张 共 8 张	
			014	

接收器并机8种载频端子内部连接表	
1700-1	(+24)~1700(B)~-1(B)
1700-2	(+24)~1700(B)~-2(B)
2000-1	(+24)~2000(B)~-1(B)
2000-2	(+24)~2000(B)~-2(B)
2300-1	(+24)~2300(B)~-1(B)
2300-2	(+24)~2300(B)~-2(B)
2600-1	(+24)~2600(B)~-1(B)
2600-2	(+24)~2600(B)~-2(B)

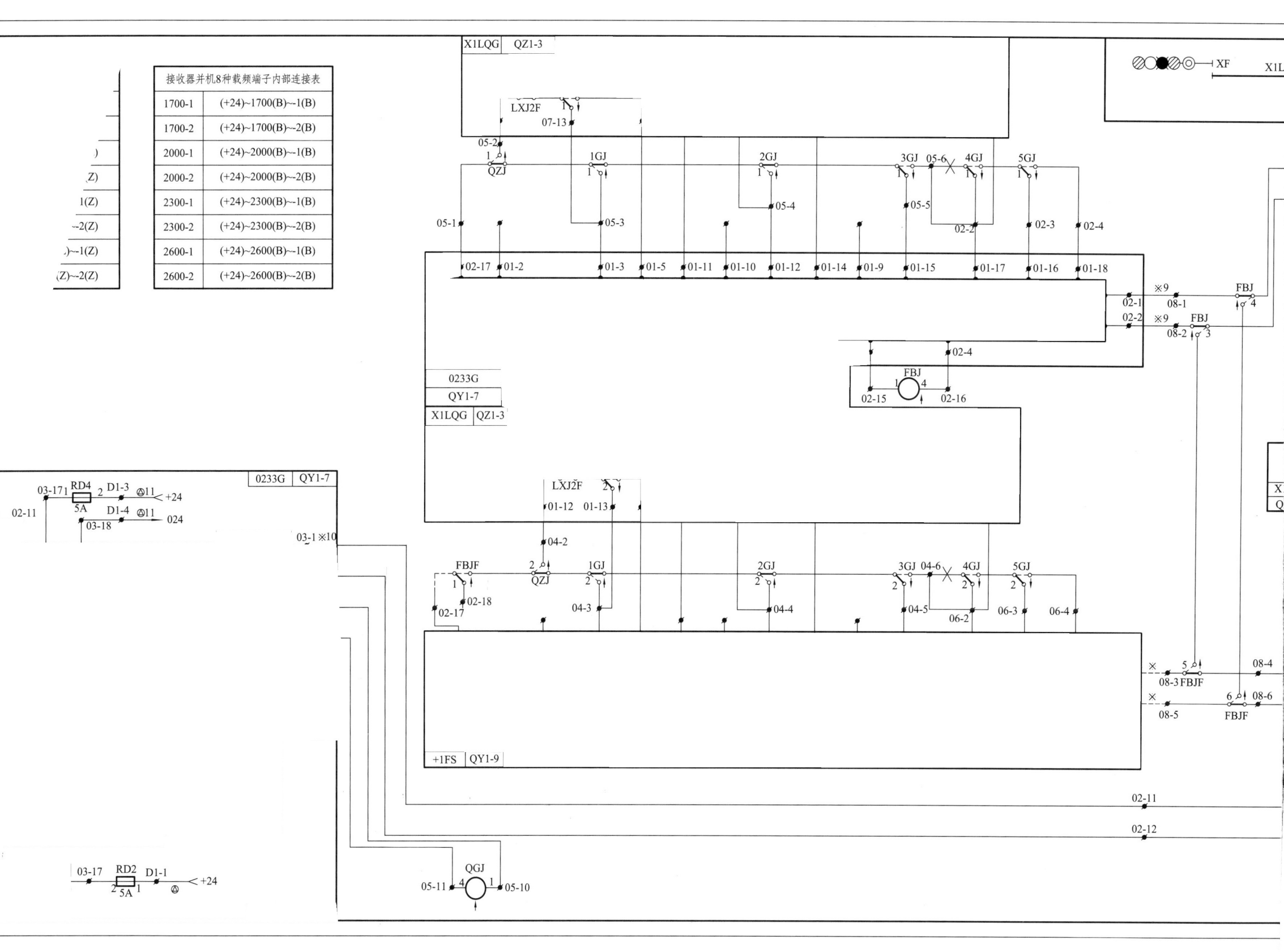

发送器8种载频端子内部连接表	
1700-1	+24-2~1700~-1
1700-2	+24-2~1700~-2
2000-1	+24-2~2000~-1
2000-2	+24-2~2000~-2
2300-1	+24-2~2300~-1
2300-2	+24-2~2300~-2
2600-1	+24-2~2600~-1
2600-2	+24-2~2600~-2

接收器主机8种载频端子内部连接表	
1700-1	+24~1700(Z)~-1(Z)
1700-2	+24~1700(Z)~-2(Z)
2000-1	+24~2000(Z)~-1(Z)
2000-2	+24~2000(Z)~-2(Z)
2300-1	+24~2300(Z)~-1(Z)
2300-2	+24~2300(Z)~-2(Z)
2600-1	+24~2600(Z)~-1(Z)
2600-2	+24~2600(Z)~-2(Z)

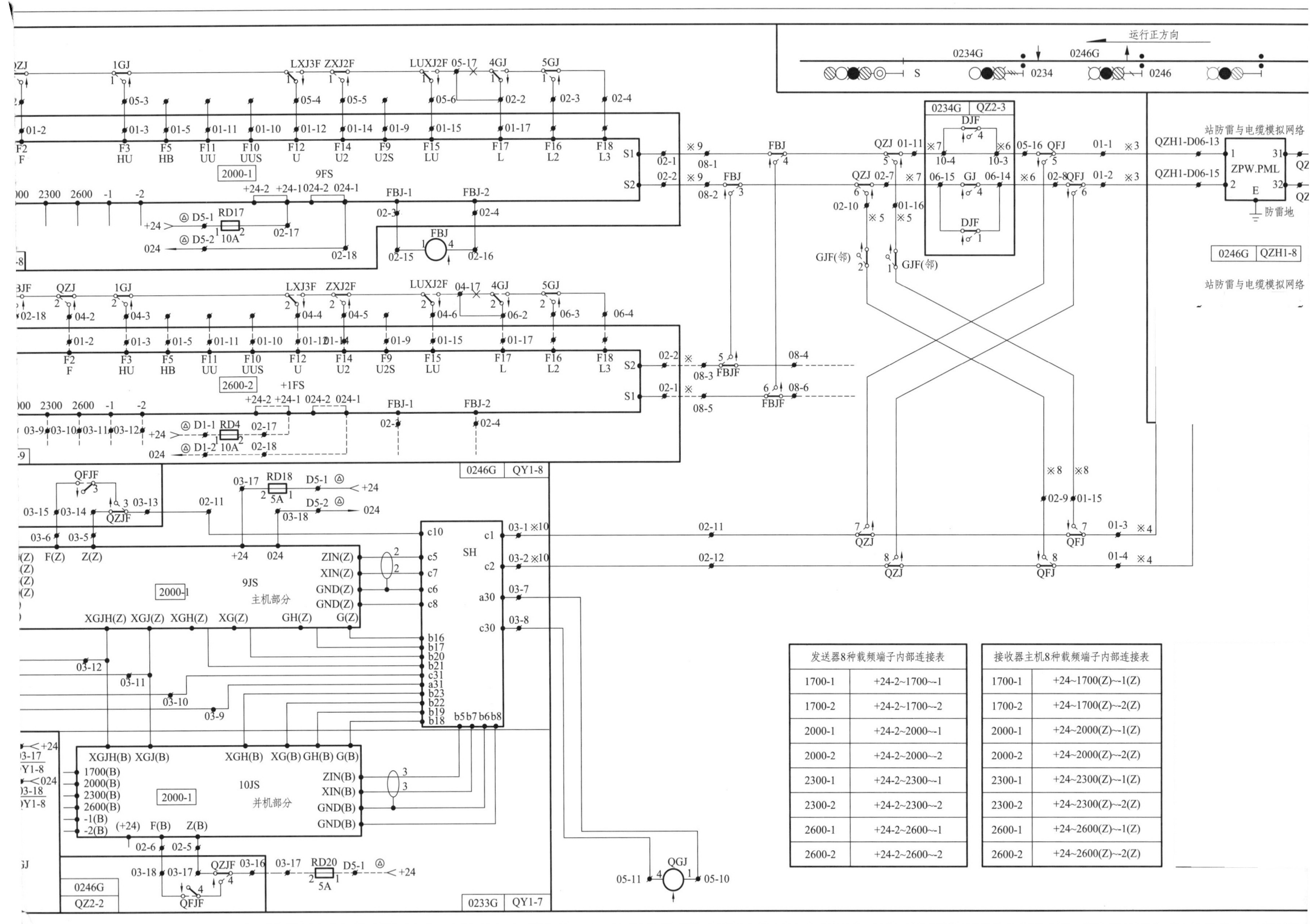

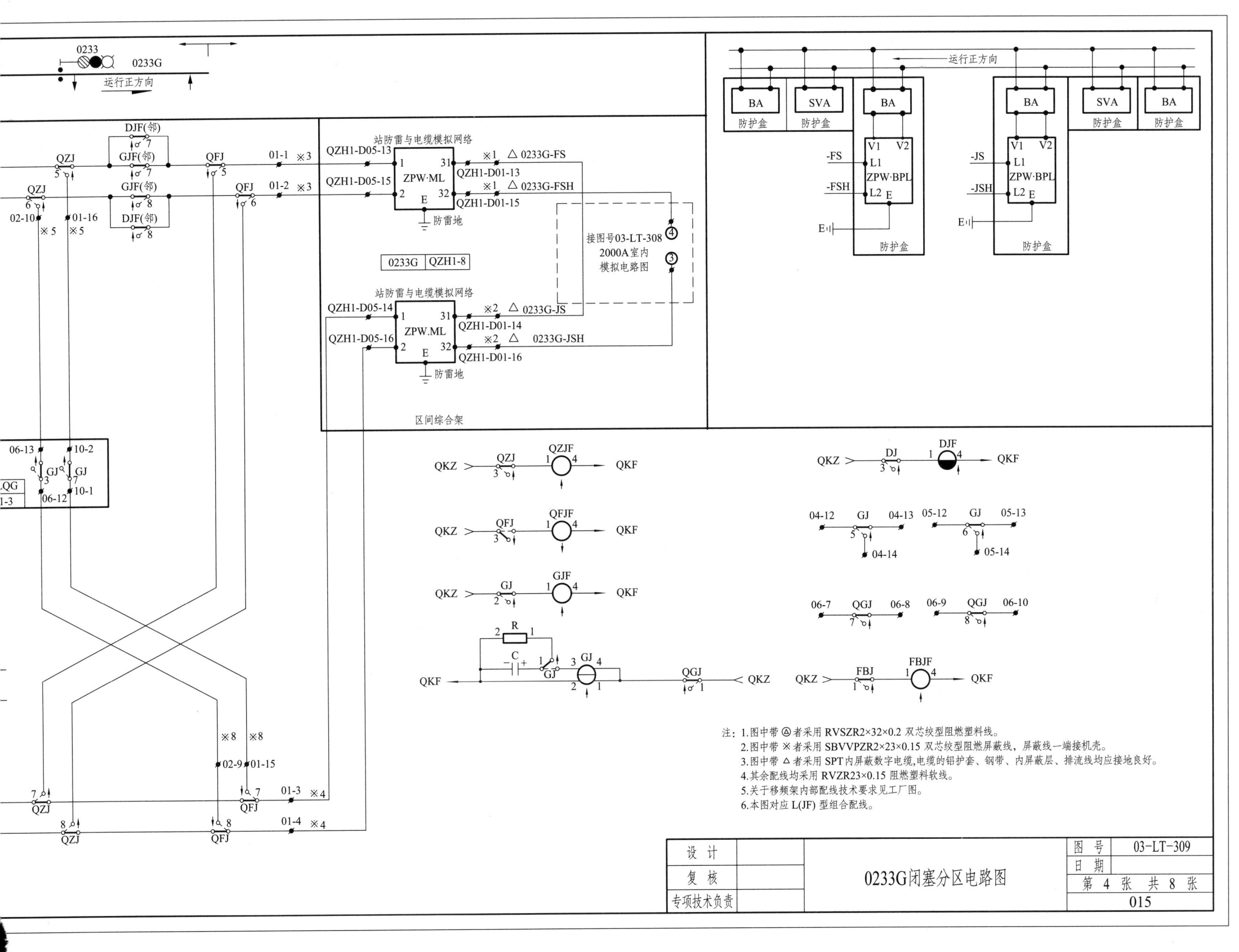

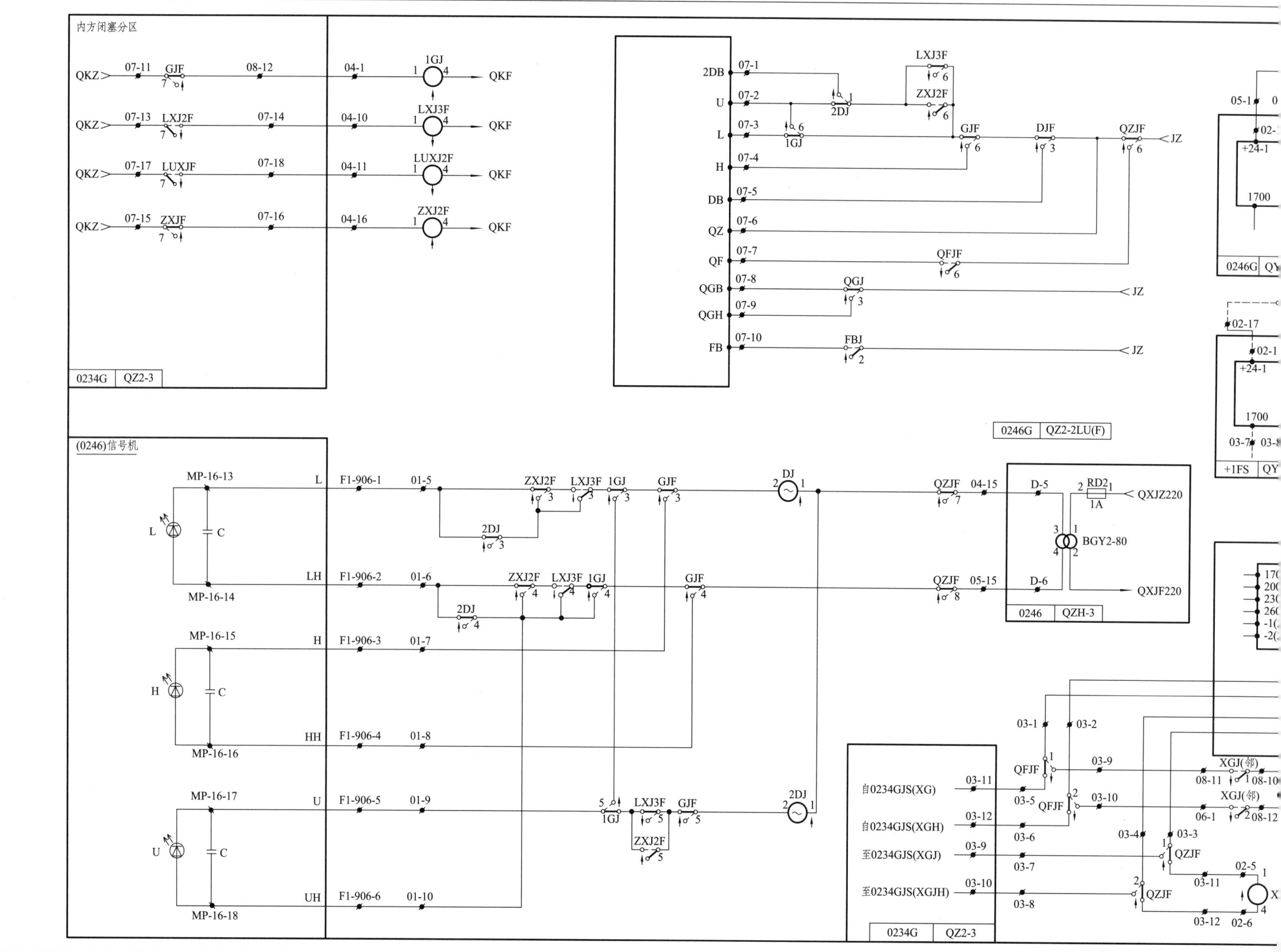

发送器8种载频端子内部连接表	
1700-1	+24-2~1700-~1
1700-2	+24-2~1700-~2
2000-1	+24-2~2000-~1
2000-2	+24-2~2000-~2
2300-1	+24-2~2300-~1
2300-2	+24-2~2300-~2
2600-1	+24-2~2600-~1
2600-2	+24-2~2600-~2

接收器主机8种载频端子内部连接表	
1700-1	+24~1700(Z)-~1(Z)
1700-2	+24~1700(Z)-~2(Z)
2000-1	+24~2000(Z)-~1(Z)
2000-2	+24~2000(Z)-~2(Z)
2300-1	+24~2300(Z)-~1(Z)
2300-2	+24~2300(Z)-~2(Z)
2600-1	+24~2600(Z)-~1(Z)
2600-2	+24~2600(Z)-~2(Z)

接收器并机8种载频端子内部连接	
1700-1	(+24)~1700(B)-~1(B
1700-2	(+24)~1700(B)-~2(B
2000-1	(+24)~2000(B)-~1(B
2000-2	(+24)~2000(B)-~2(B
2300-1	(+24)~2300(B)-~1(B
2300-2	(+24)~2300(B)-~2(B
2600-1	(+24)~2600(B)-~1(B
2600-2	(+24)~2600(B)-~2(B

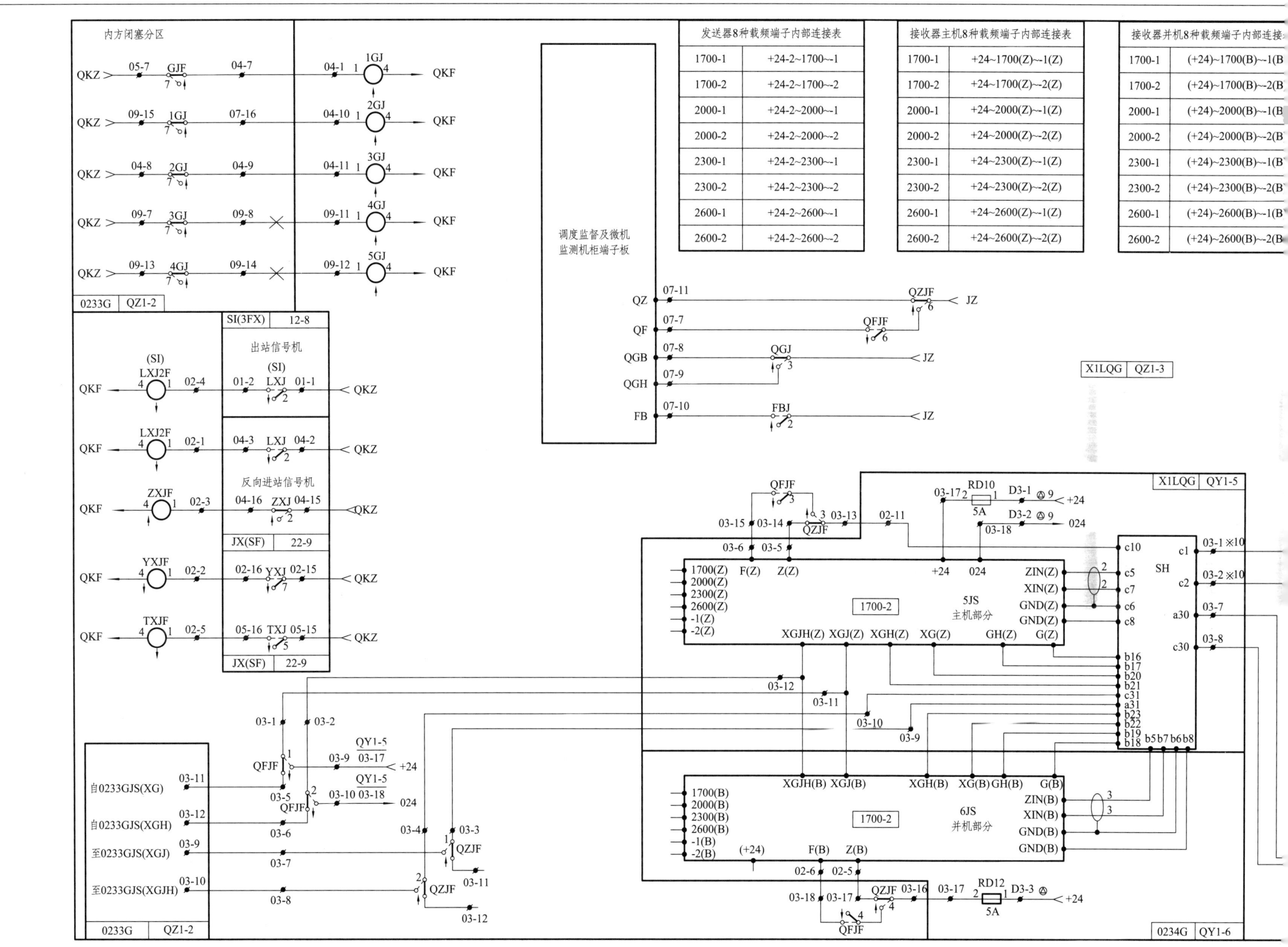

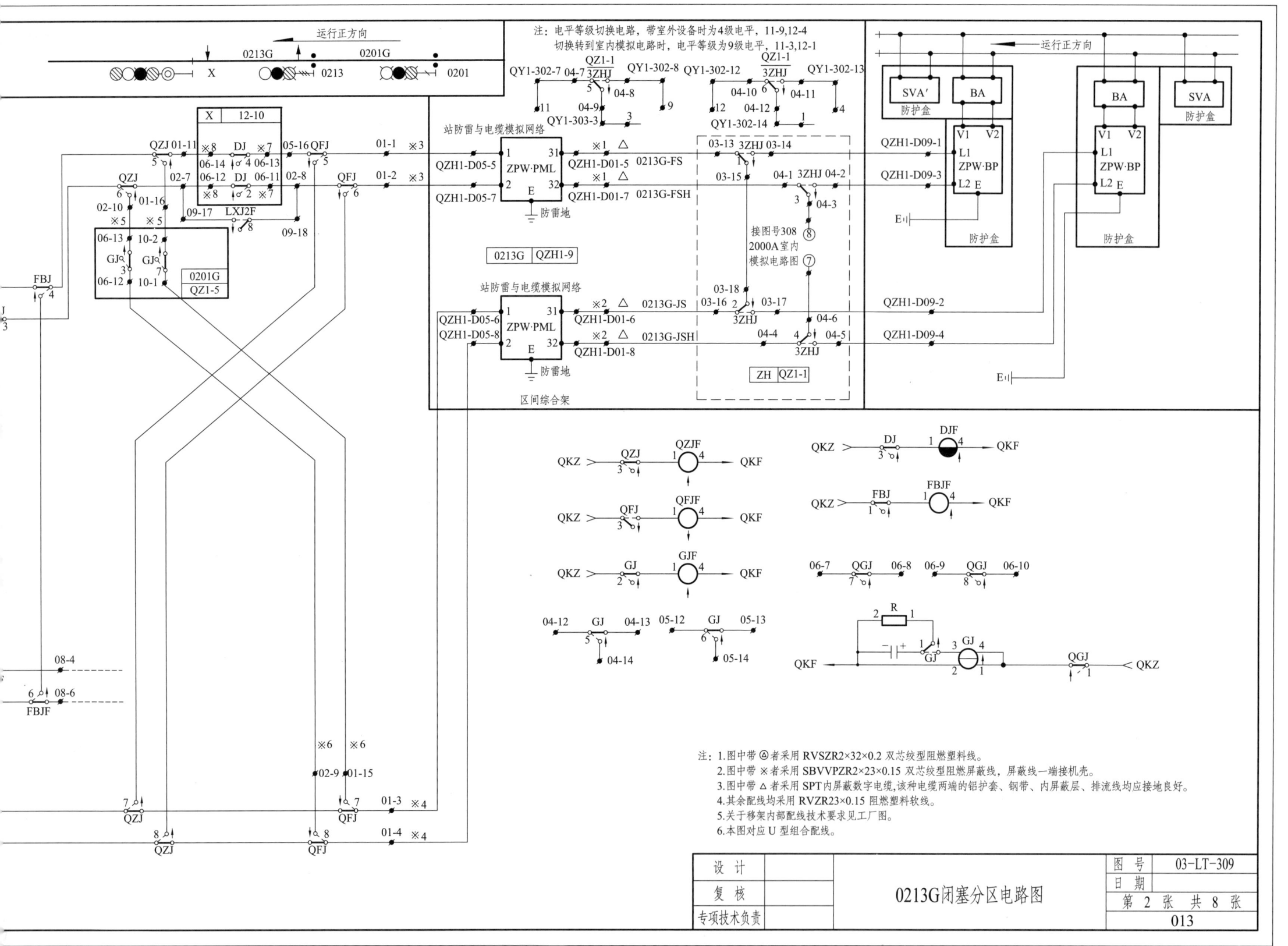

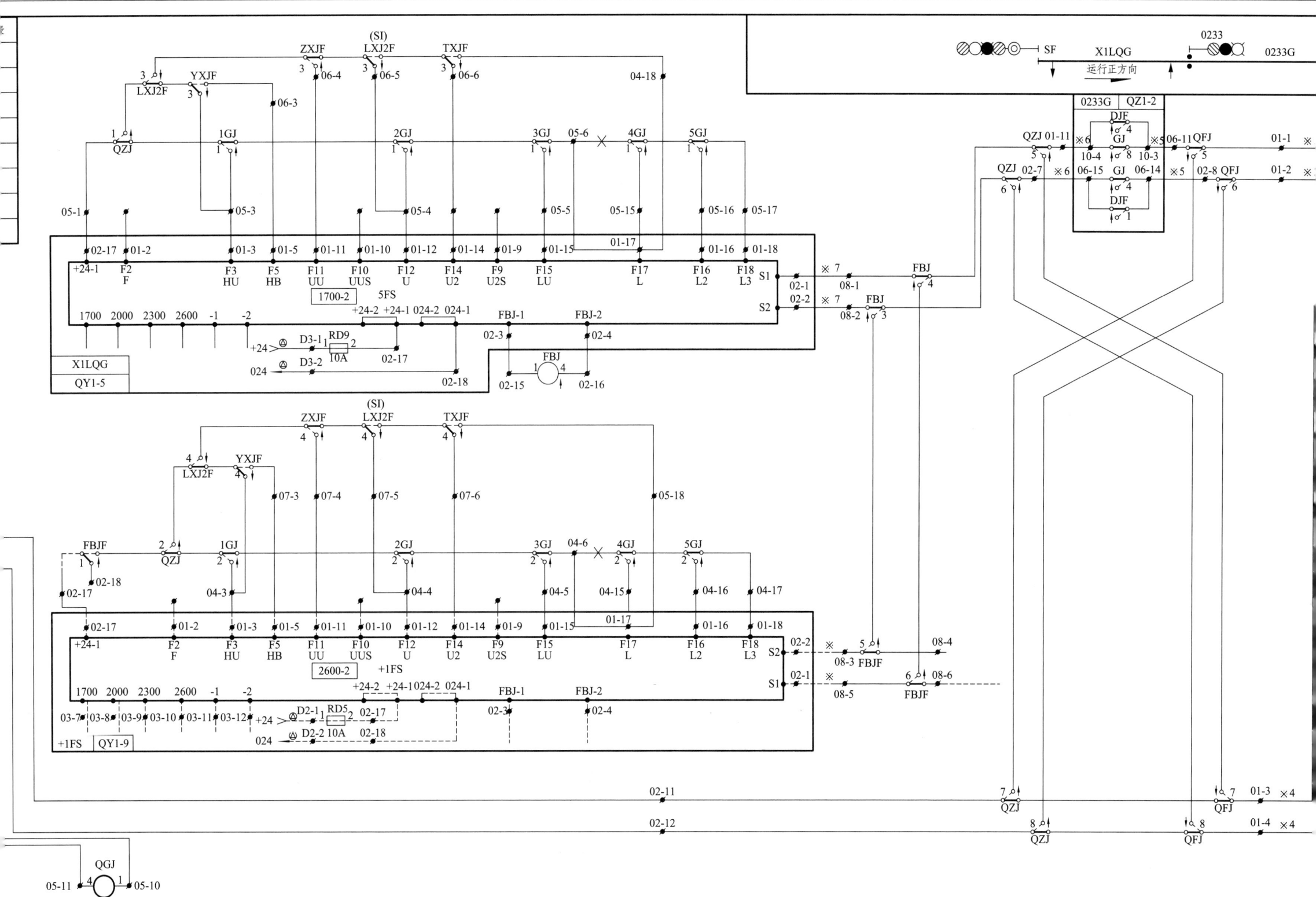

表

接收器主机8种载频端子内部连接表	
1700-1	+24~1700(Z)~-1(Z)
1700-2	+24~1700(Z)~-2(Z)
2000-1	+24~2000(Z)~-1(Z)
2000-2	+24~2000(Z)~-2(Z)
2300-1	+24~2300(Z)~-1(Z)
2300-2	+24~2300(Z)~-2(Z)
2600-1	+24~2600(Z)~-1(Z)
2600-2	+24~2600(Z)~-2(Z)

接收器并机8种载频端子内部连接表	
1700-1	(+24)~1700(B)~-1(B)
1700-2	(+24)~1700(B)~-2(B)
2000-1	(+24)~2000(B)~-1(B)
2000-2	(+24)~2000(B)~-2(B)
2300-1	(+24)~2300(B)~-1(B)
2300-2	(+24)~2300(B)~-2(B)
2600-1	(+24)~2600(B)~-1(B)
2600-2	(+24)~2600(B)~-2(B)

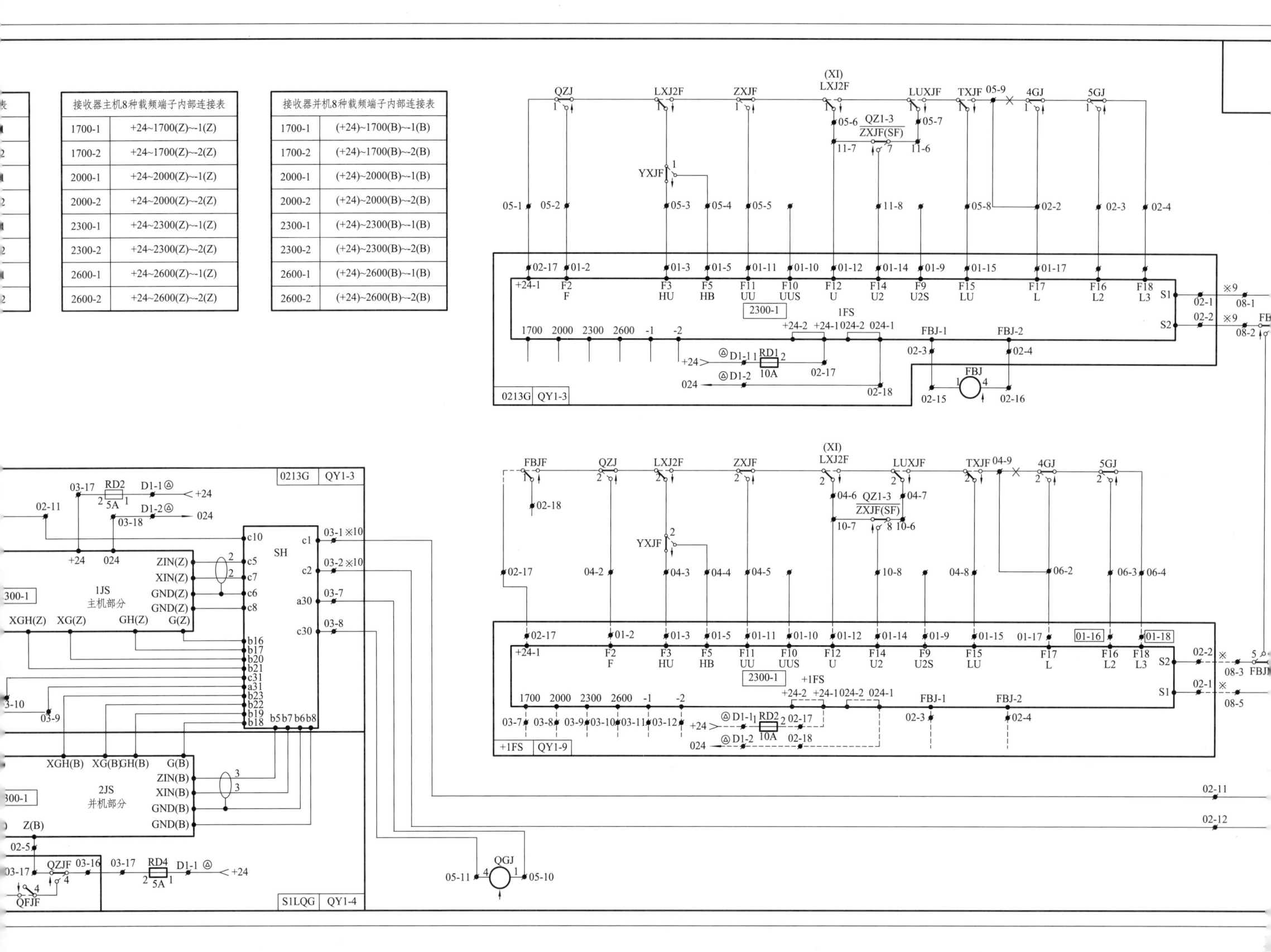

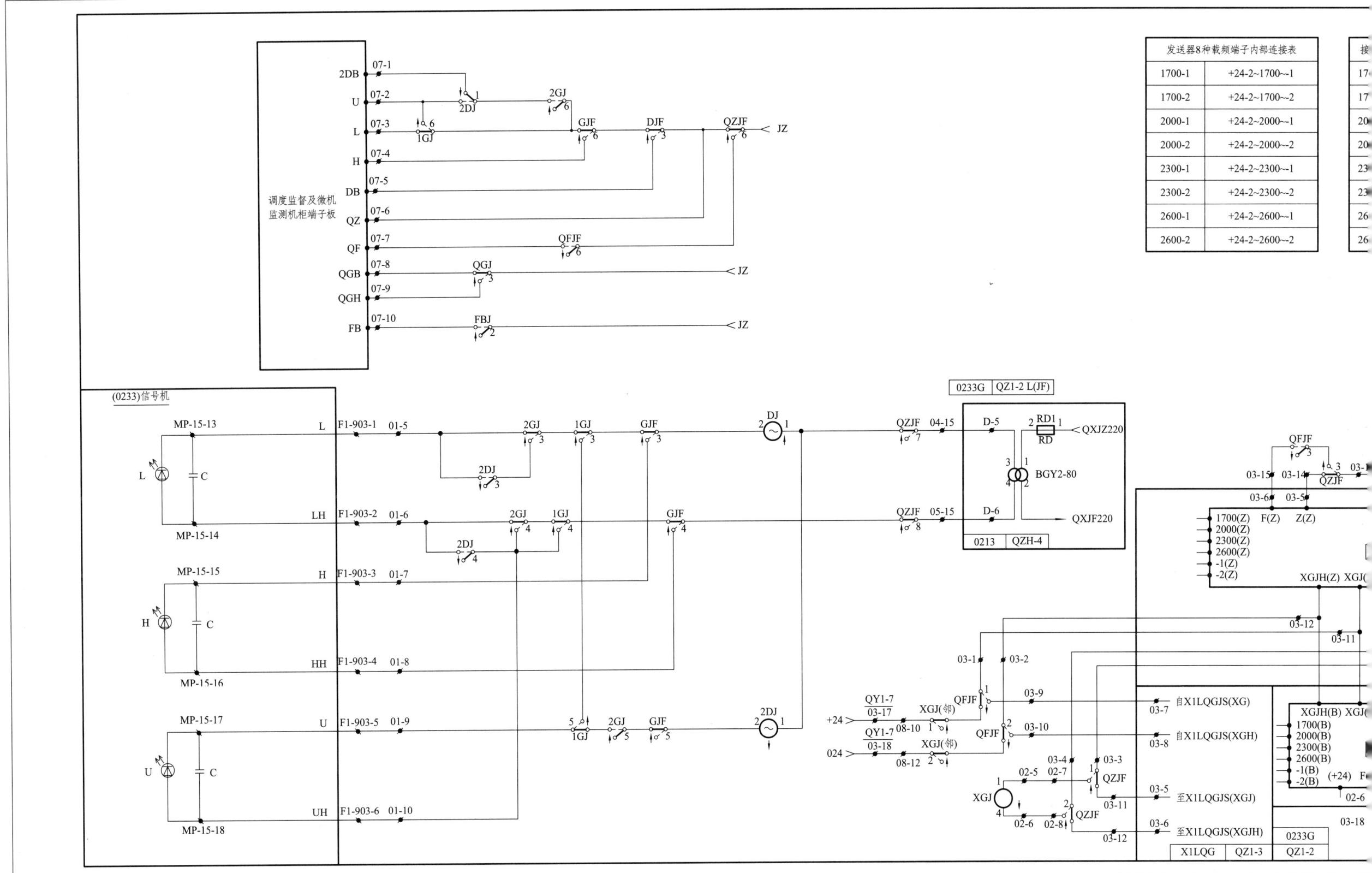

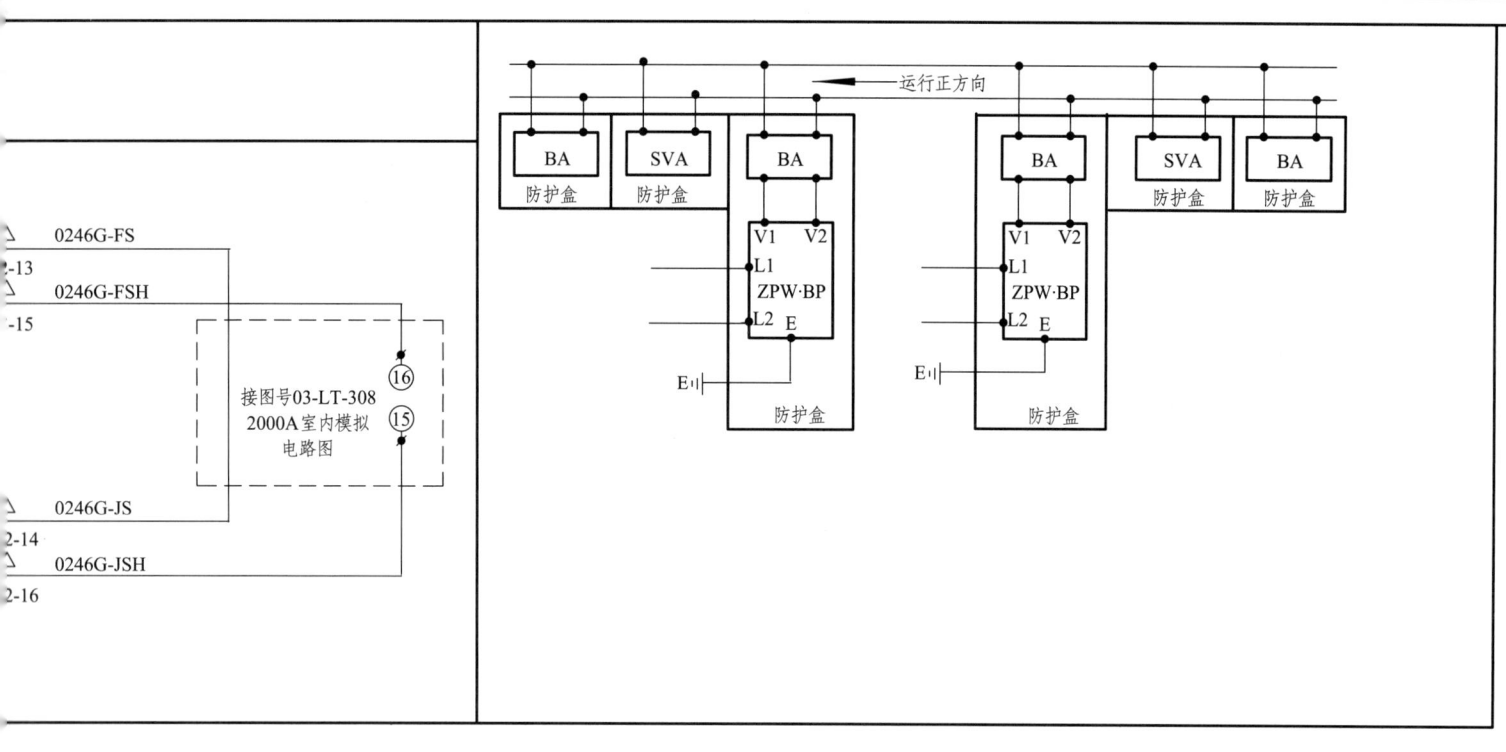

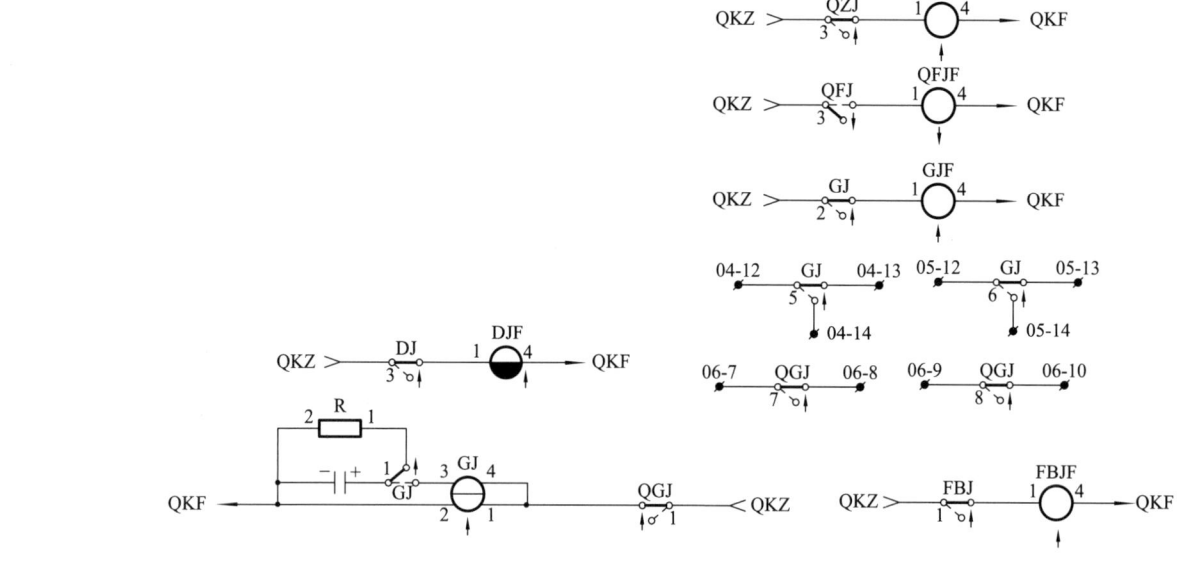

注：
1. 图中带 Ⓐ 者采用 RVSZR2×32×0.2 双芯绞型阻燃塑料线。
2. 图中带 ※ 者采用 SBVVPZR2×23×0.15 双芯绞型阻燃屏蔽线，屏蔽线一端接机壳。
3. 图中带 △ 者采用 SPT 内屏蔽数字电缆，该种电缆两端的铝护套、钢带、内屏蔽层、排流线均应接地良好。
4. 其余配线均采用 RVZR23×0.15 阻燃塑料软线。
5. 关于移频架内部配线技术要求见工厂图。
6. 本图对应 LU 型组合配线。

设　计		图　号	03-LT-309
复　核	0246G闭塞分区电路图	日　期	
专项技术负责		第 5 张 共 8 张	

016

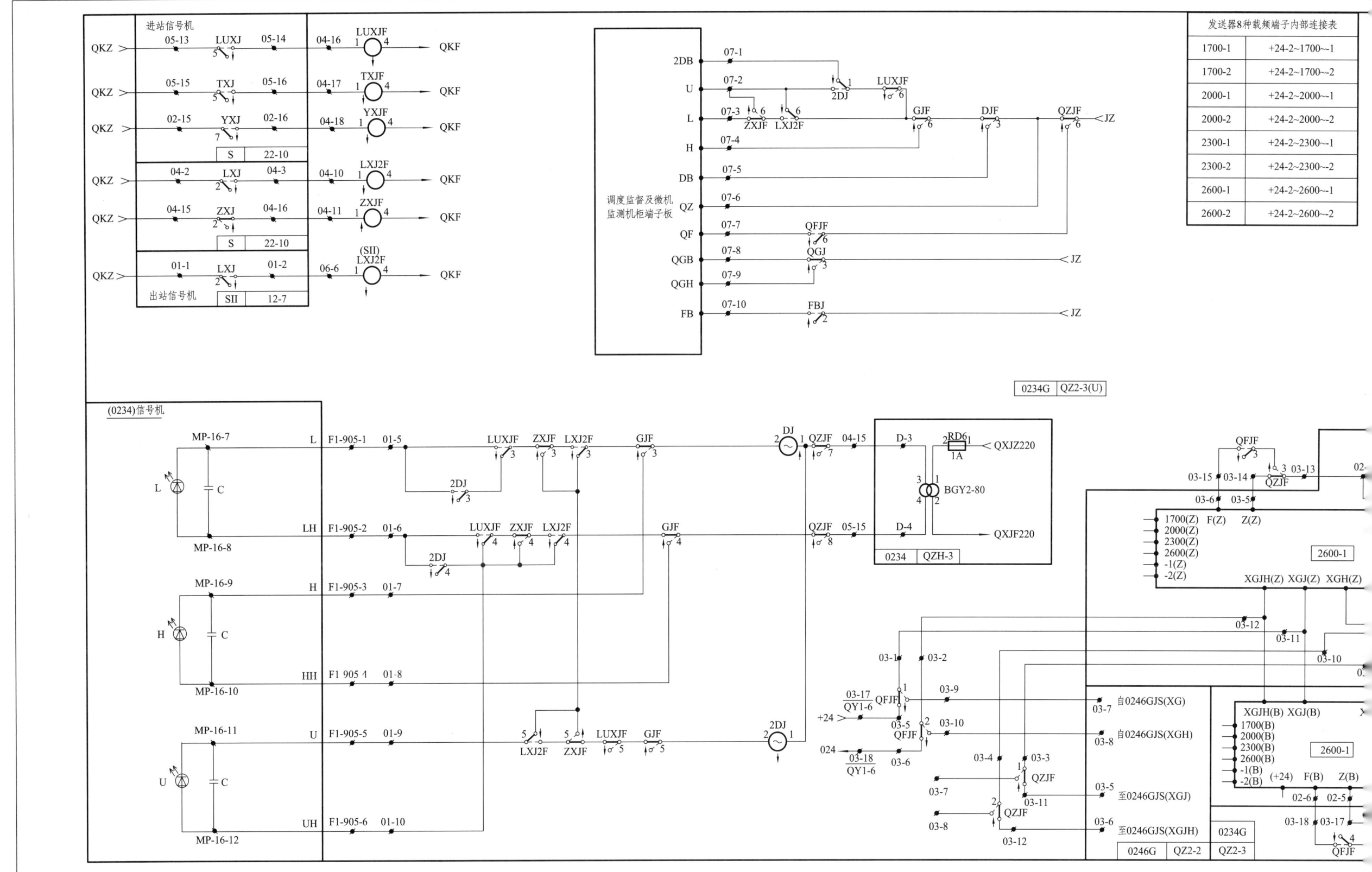

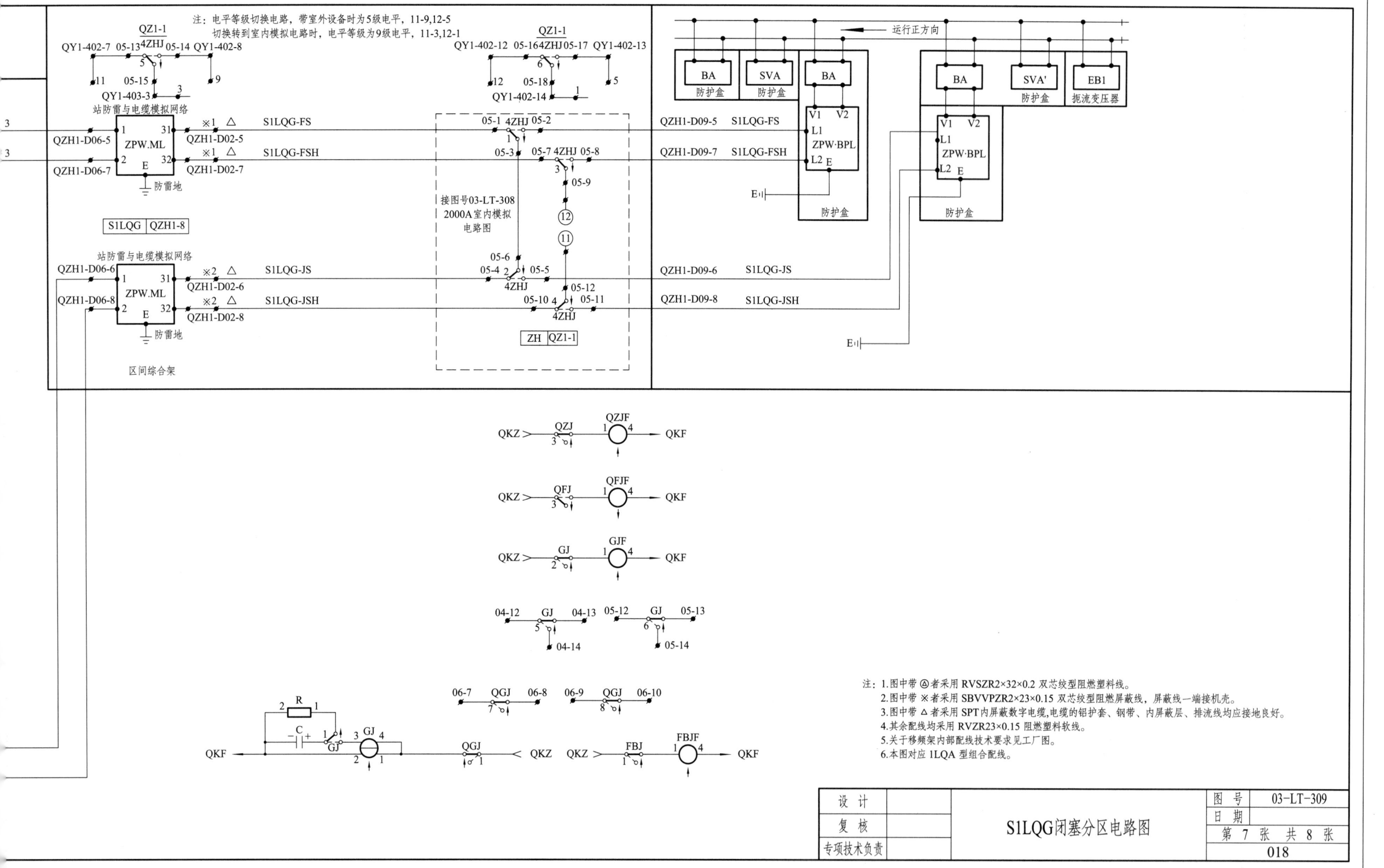

发送器8种载频端子内部连接表

1700-1	+24-2~1700~-1
1700-2	+24-2~1700~-2
2000-1	+24-2~2000~-1
2000-2	+24-2~2000~-2
2300-1	+24-2~2300~-1
2300-2	+24-2~2300~-2
2600-1	+24-2~2600~-1
2600-2	+24-2~2600~-2

接收器主机8种载频端子内部连接表

1700-1	+24~1700(Z)~-1(Z)
1700-2	+24~1700(Z)~-2(Z)
2000-1	+24~2000(Z)~-1(Z)
2000-2	+24~2000(Z)~-2(Z)
2300-1	+24~2300(Z)~-1(Z)
2300-2	+24~2300(Z)~-2(Z)
2600-1	+24~2600(Z)~-1(Z)
2600-2	+24~2600(Z)~-2(Z)

接收器并机8种载频端

1700-1	(+24)~17
1700-2	(+24)~17
2000-1	(+24)~20
2000-2	(+24)~20
2300-1	(+24)~23
2300-2	(+24)~23
2600-1	(+24)~26
2600-2	(+24)~26

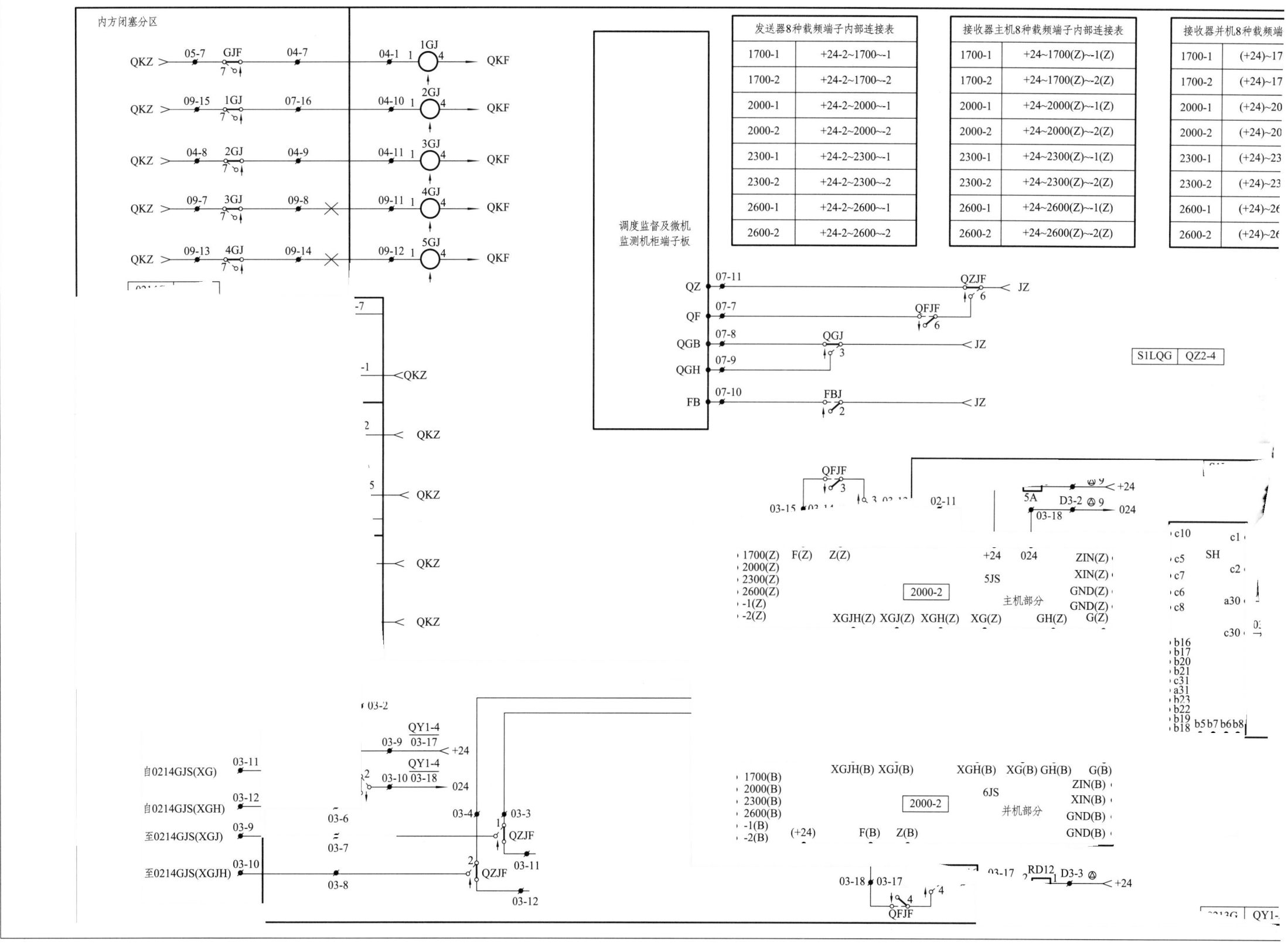

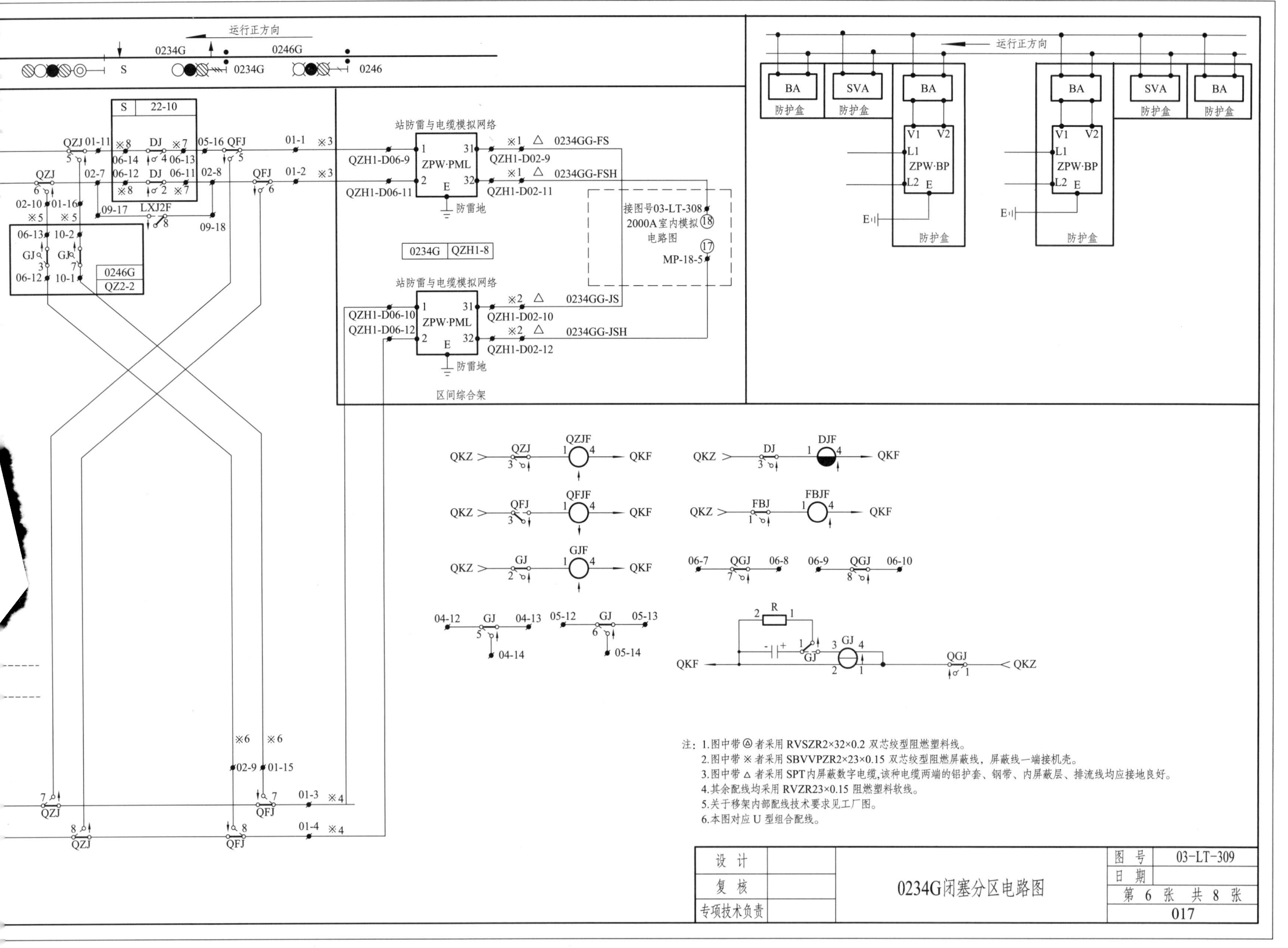

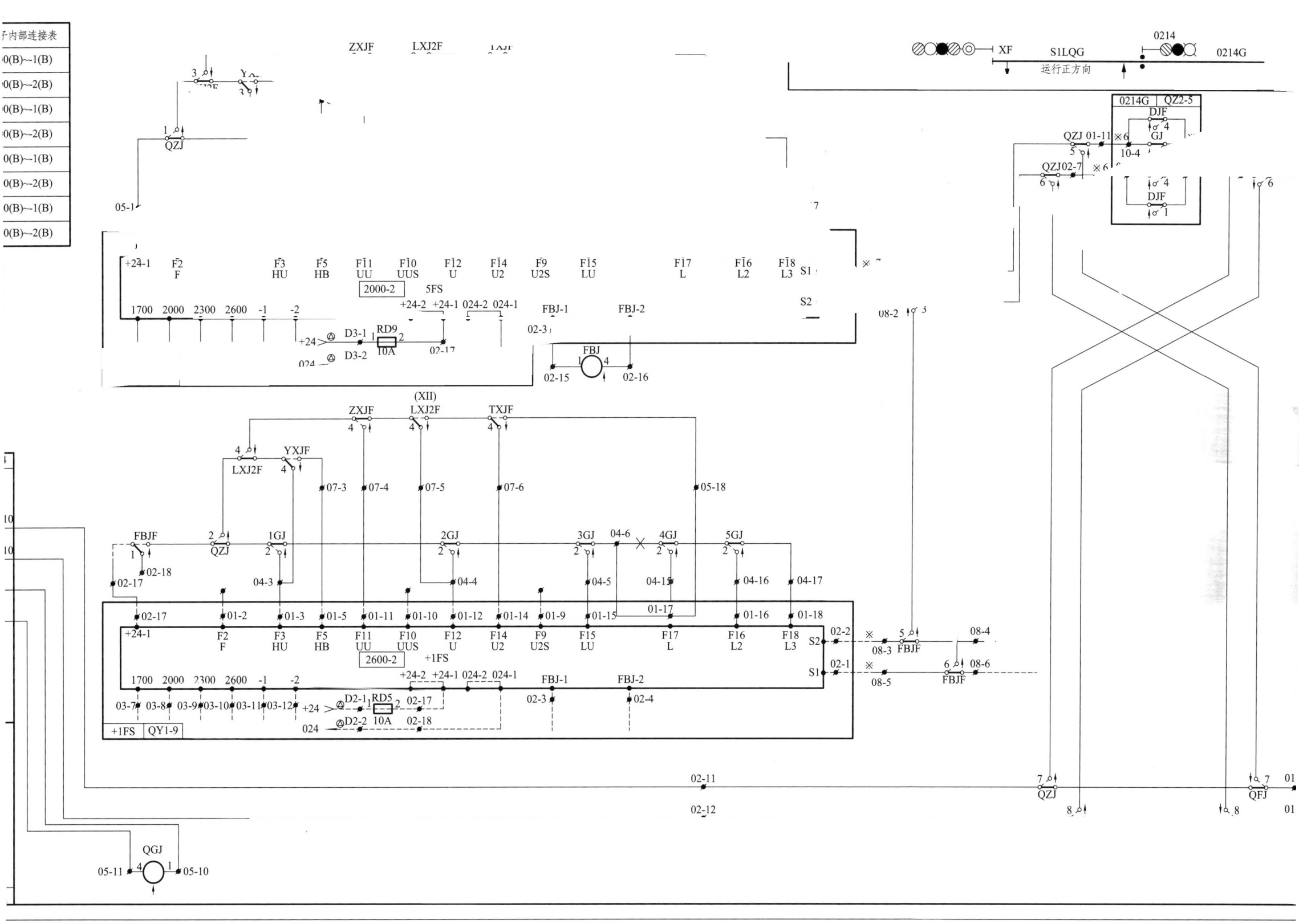

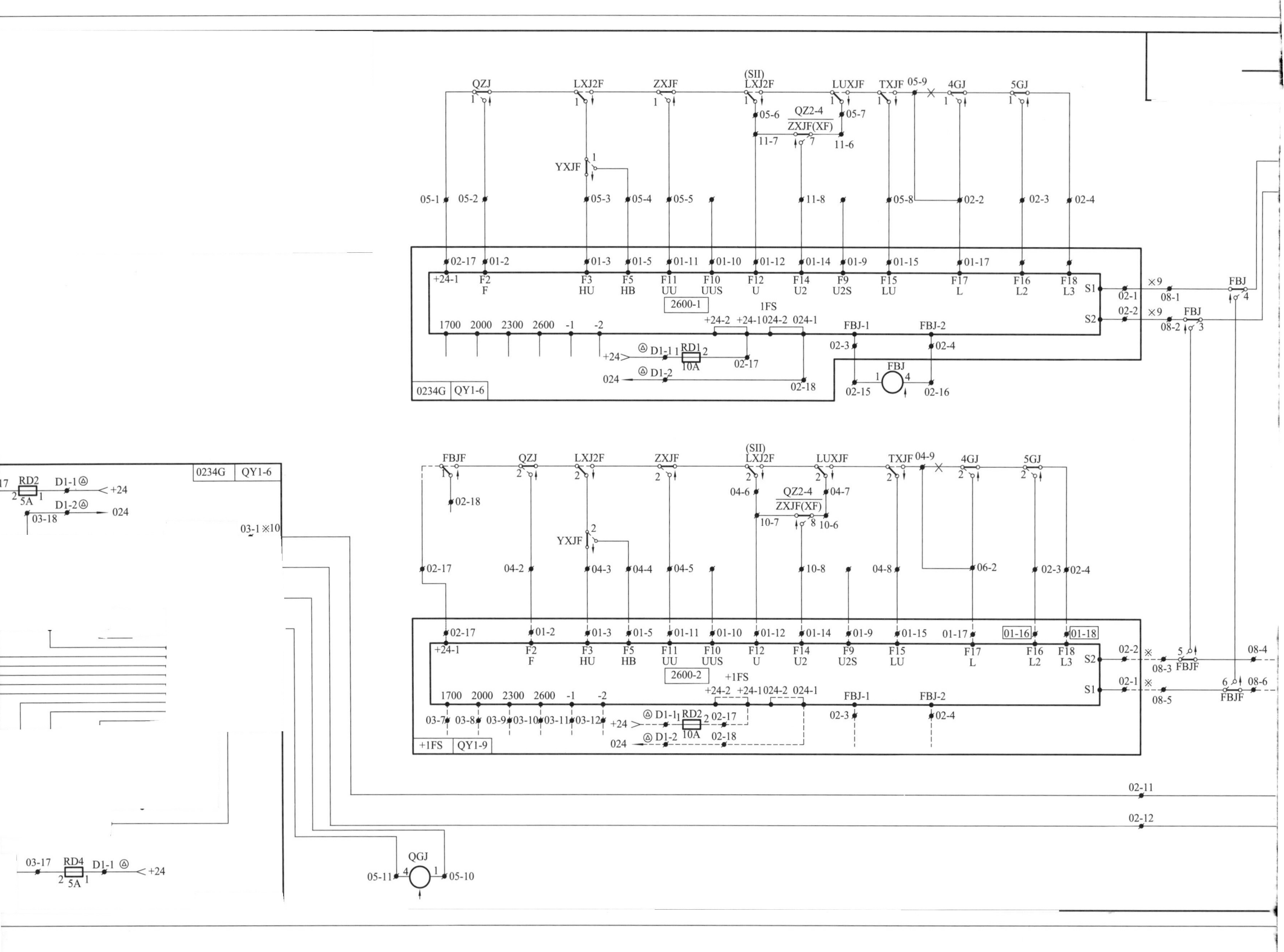

主机8种载频端子内部连接表
+24~1700(Z)~-1(Z)
+24~1700(Z)~-2(Z)
+24~2000(Z)~-1(Z)
+24~2000(Z)~-2(Z)
+24~2300(Z)~-1(Z)
+24~2300(Z)~-2(Z)
+24~2600(Z)~-1(Z)
+24~2600(Z)~-2(Z)

接收器并机8种载频端子内部连接表	
1700-1	(+24)~1700(B)~-1(B)
1700-2	(+24)~1700(B)~-2(B)
2000-1	(+24)~2000(B)~-1(B)
2000-2	(+24)~2000(B)~-2(B)
2300-1	(+24)~2300(B)~-1(B)
2300-2	(+24)~2300(B)~-2(B)
2600-1	(+24)~2600(B)~-1(B)
2600-2	(+24)~2600(B)~-2(B)

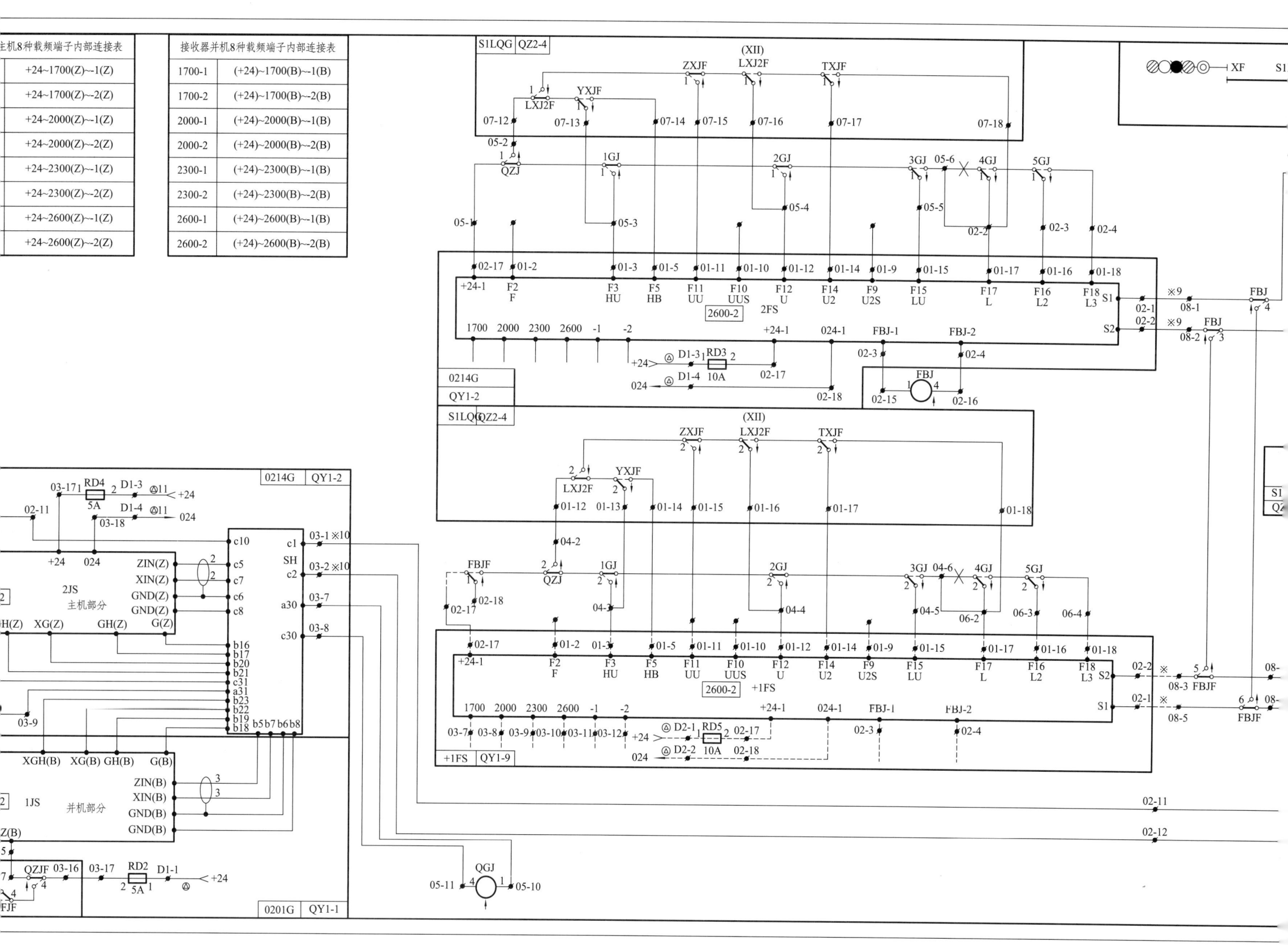

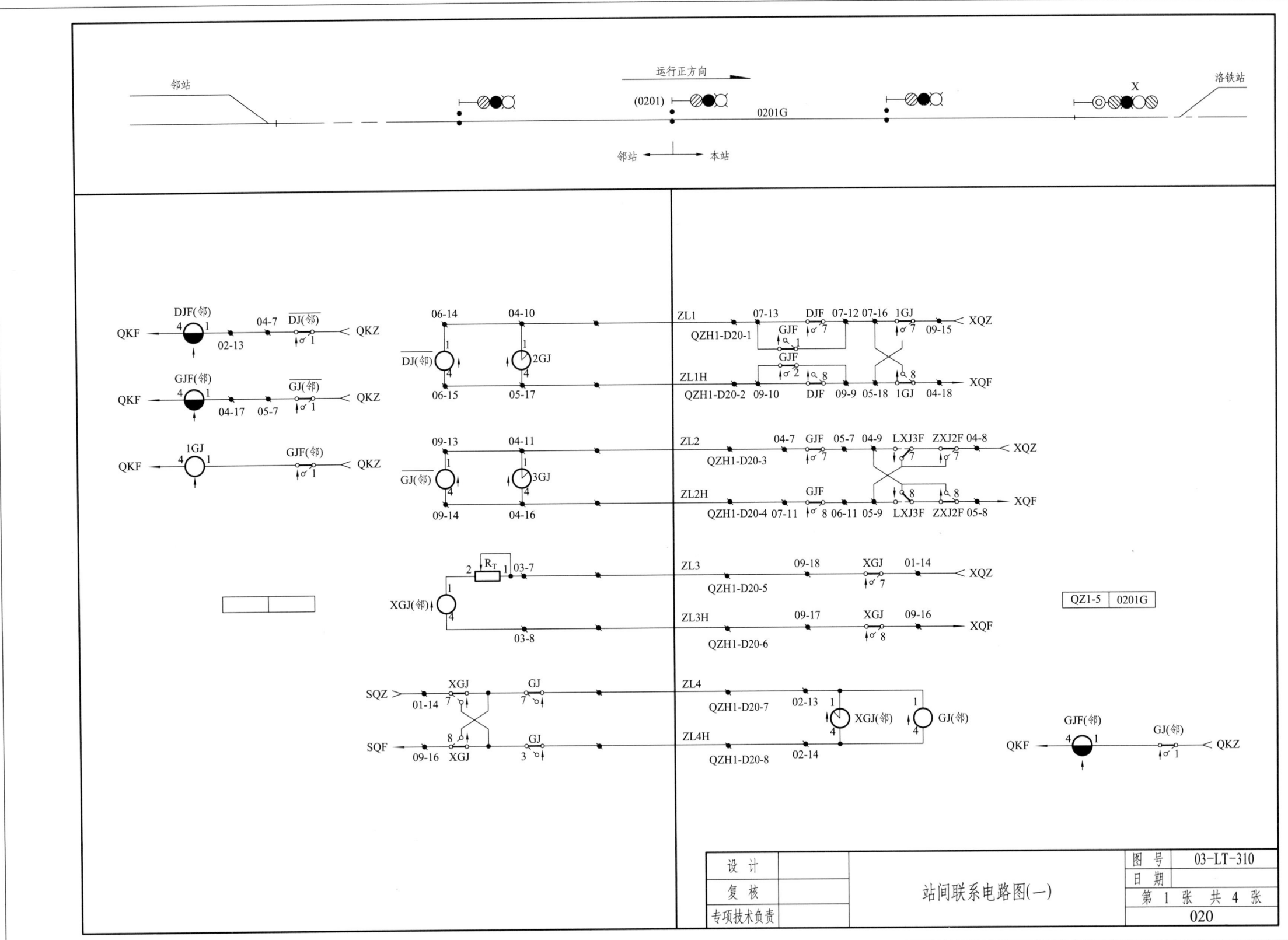

设 计		站间联系电路图(一)	图 号	03-LT-310
复 核			日 期	
专项技术负责			第 1 张 共 4 张	
			020	

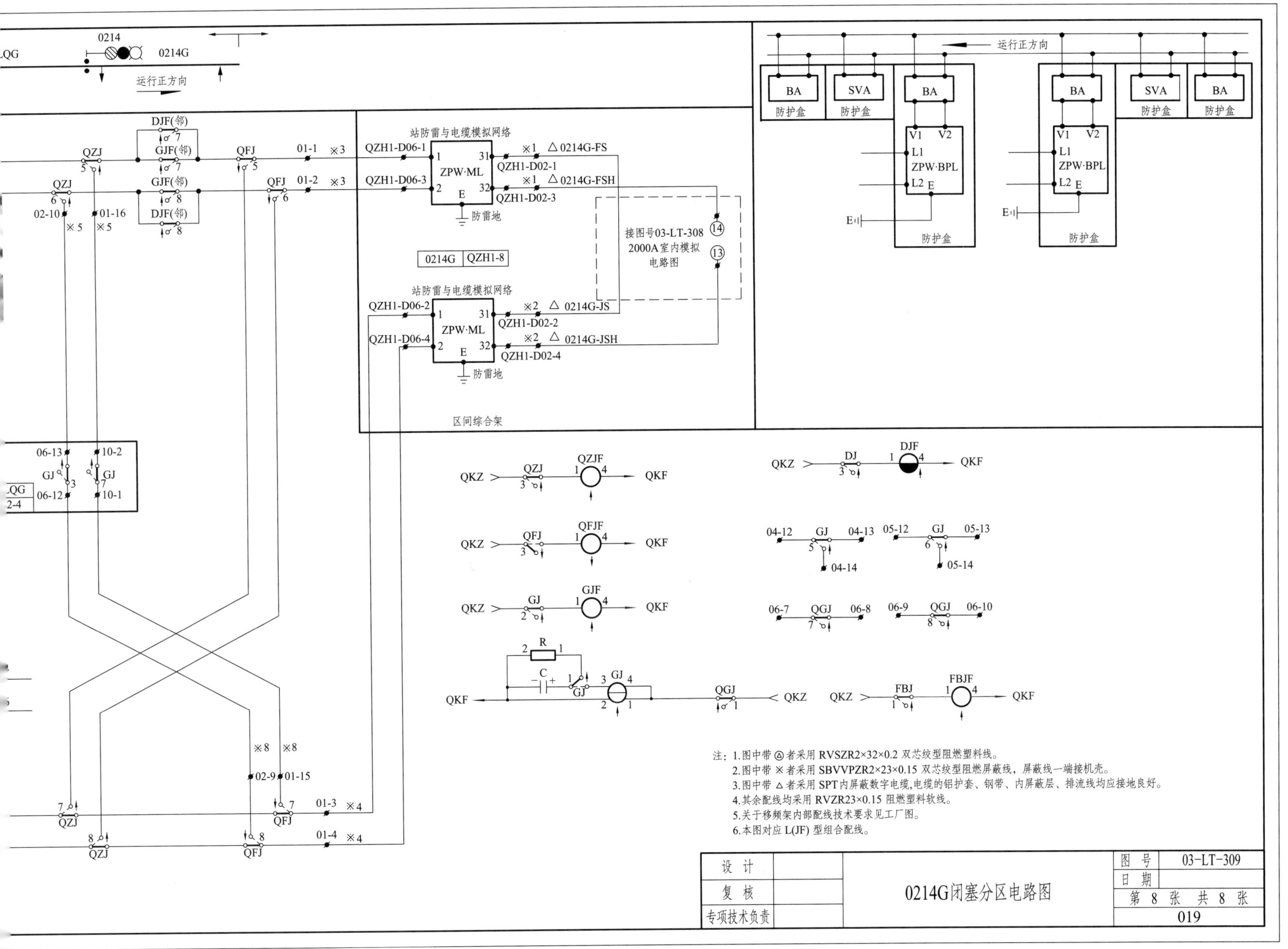

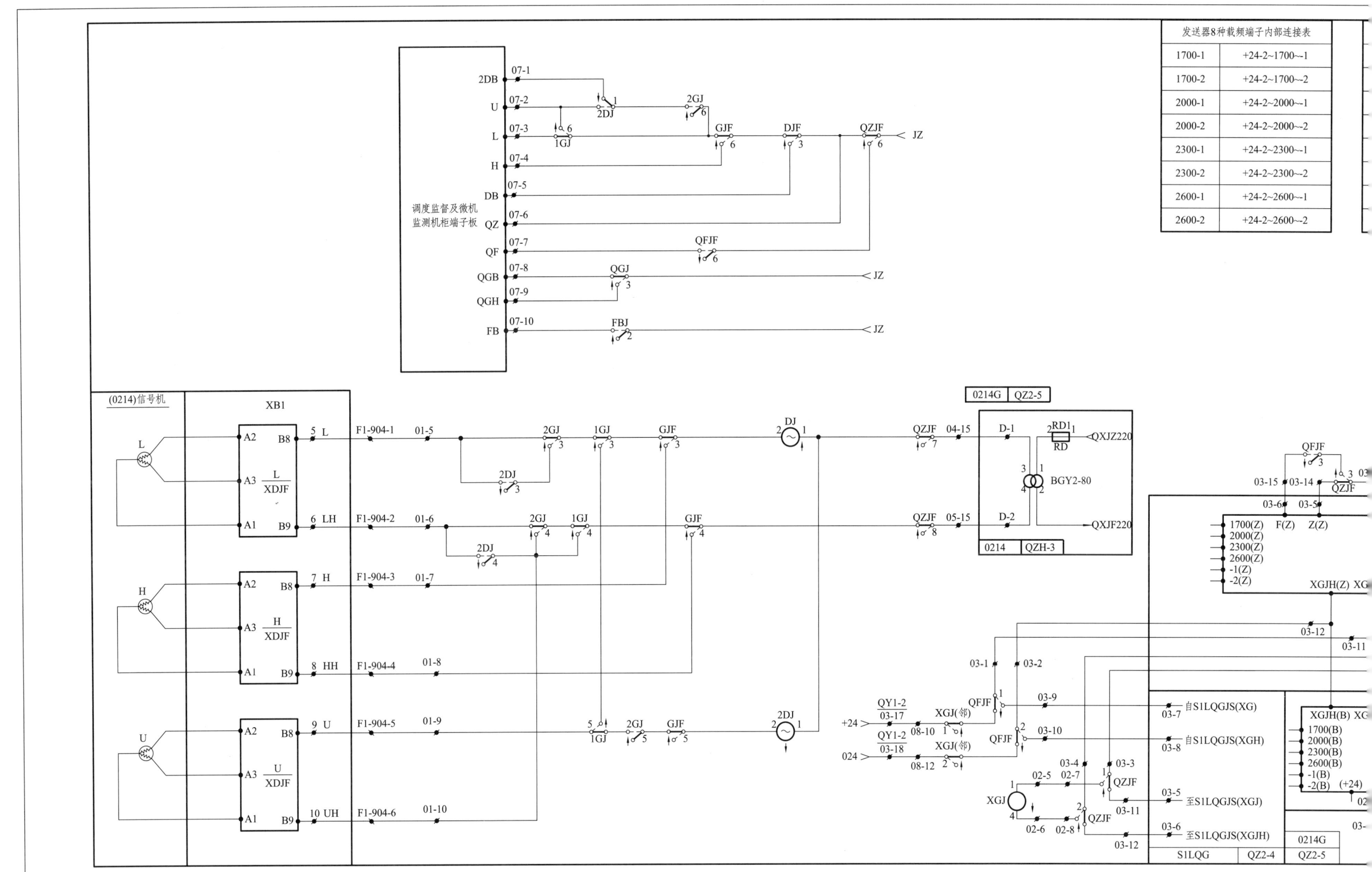

设　计		站间联系电路图(二)	图　号	03-LT-310
复　核			日　期	
专项技术负责			第 2 张　共 4 张	
			020	

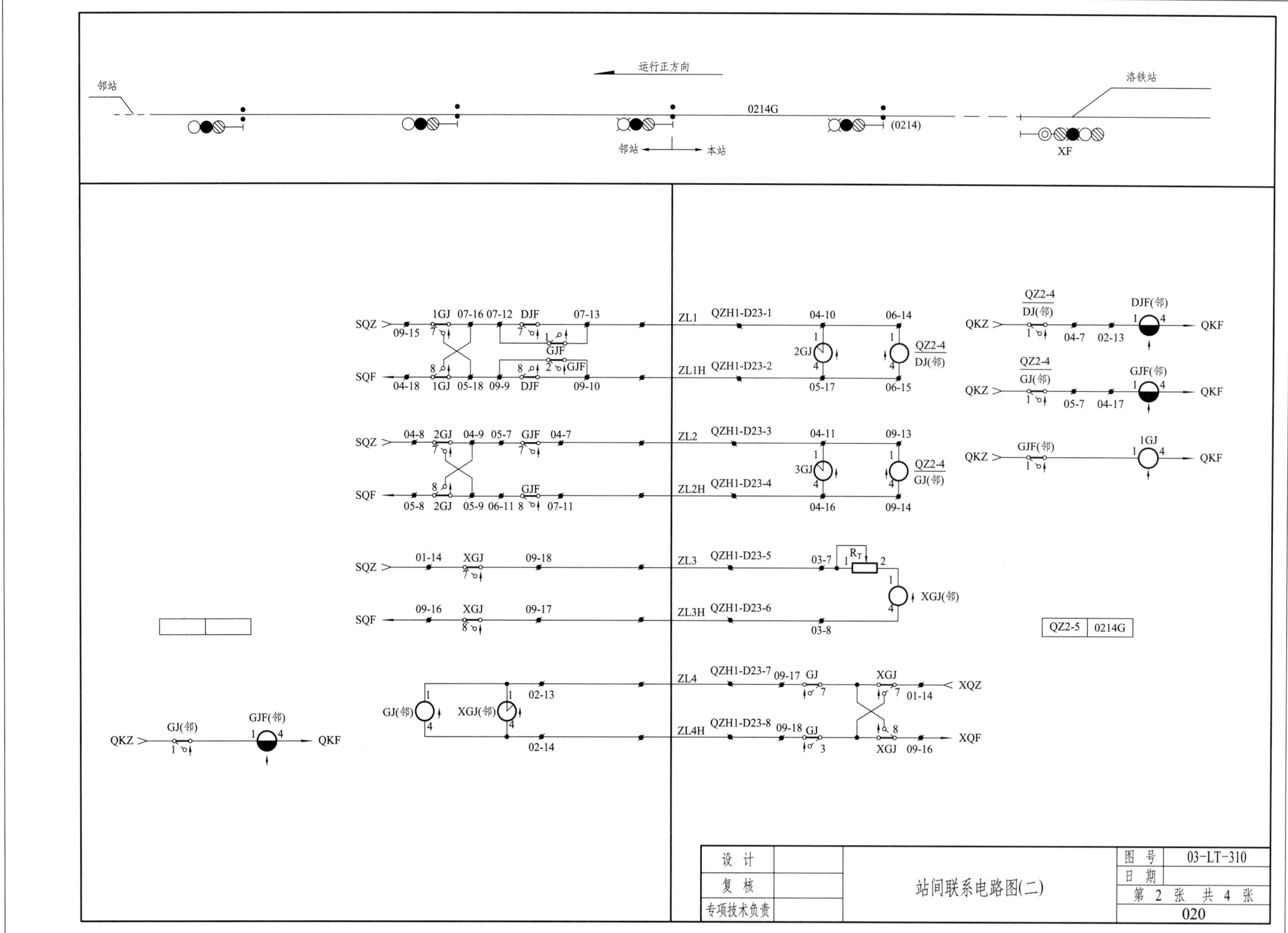

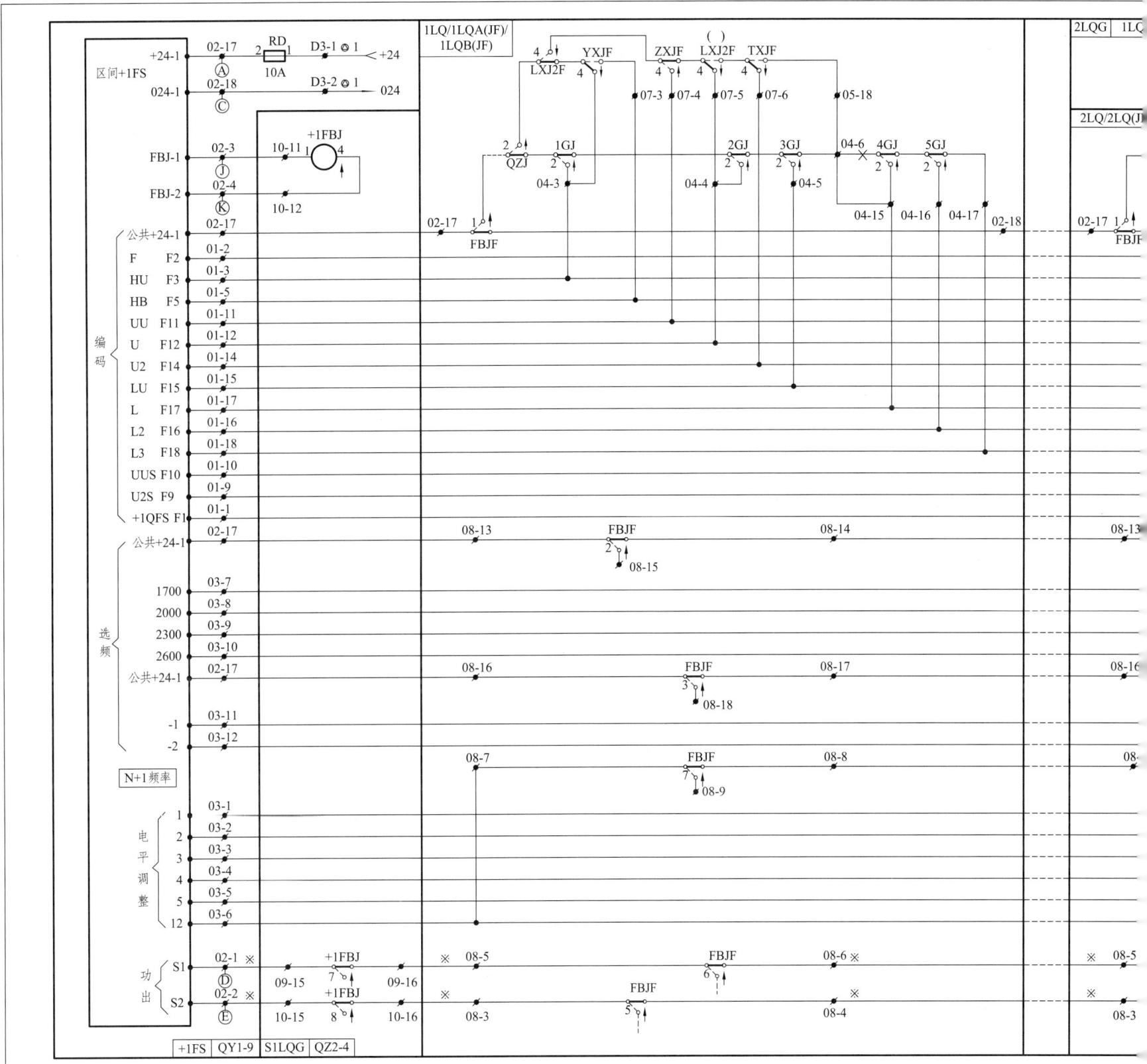

设 计		站间联系
复 核		
专项技术负责		

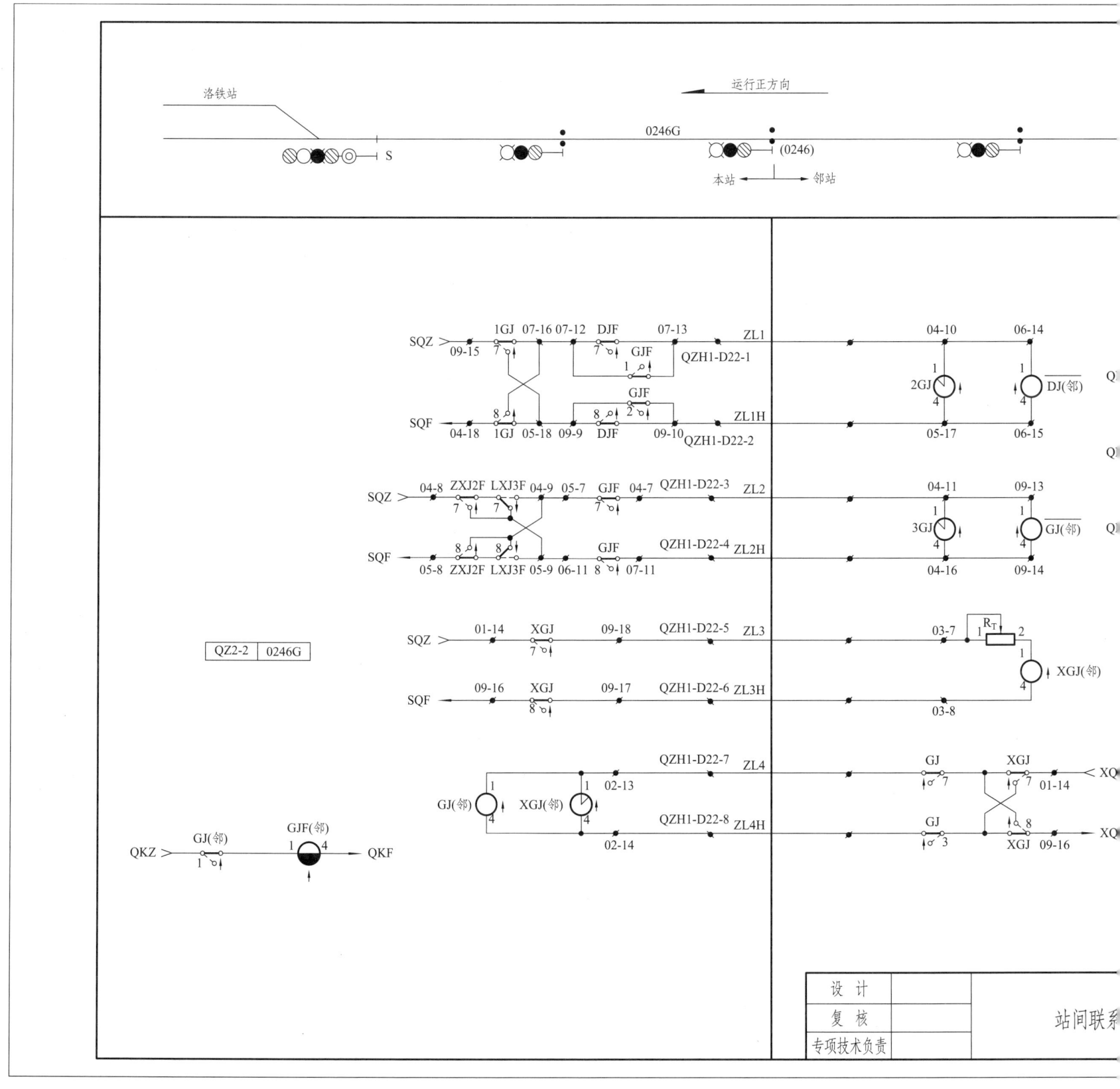

LU/LU(F)/LU(JF)
QZJ 1GJ LXJ3F ZXJ2F LUXJ2F 04-17 4GJ 5GJ
04-2 04-3 04-4 04-5 04-6 06-2 06-3 06-4
02-18 02-17 FBJF 02-18
08-13 FBJF 08-15 08-14
08-16 FBJF 08-18 08-17
08-7 FBJF 08-9 08-8
08-5 FBJF 08-6
08-3 FBJF 08-4
L/L(F)/LL/LL(F)/L(JF)
QZJ 1GJ 2GJ 3GJ 04-6 4GJ 5GJ
04-2 04-3 04-4 04-5 06-2 06-3 06-4
02-17 FBJF 02-18
08-13 FBJF 08-15 08-14
08-16 FBJF 08-18 08-17
08-7 FBJF 08-9 08-8
08-5 FBJF 08-6
08-3 FBJF 08-4
设备名称
+1FS
+1FBJ
0201G
0201G
0213G
0213G
X1LQG
X1LQG
X1LQG
0233G
0233G
0233G
0246G
0246G
0234G
0234G
S1LQG
S1LQG
S1LQG
0214G
0214G
0214G
QY1-
02-1
+24
发送器-11

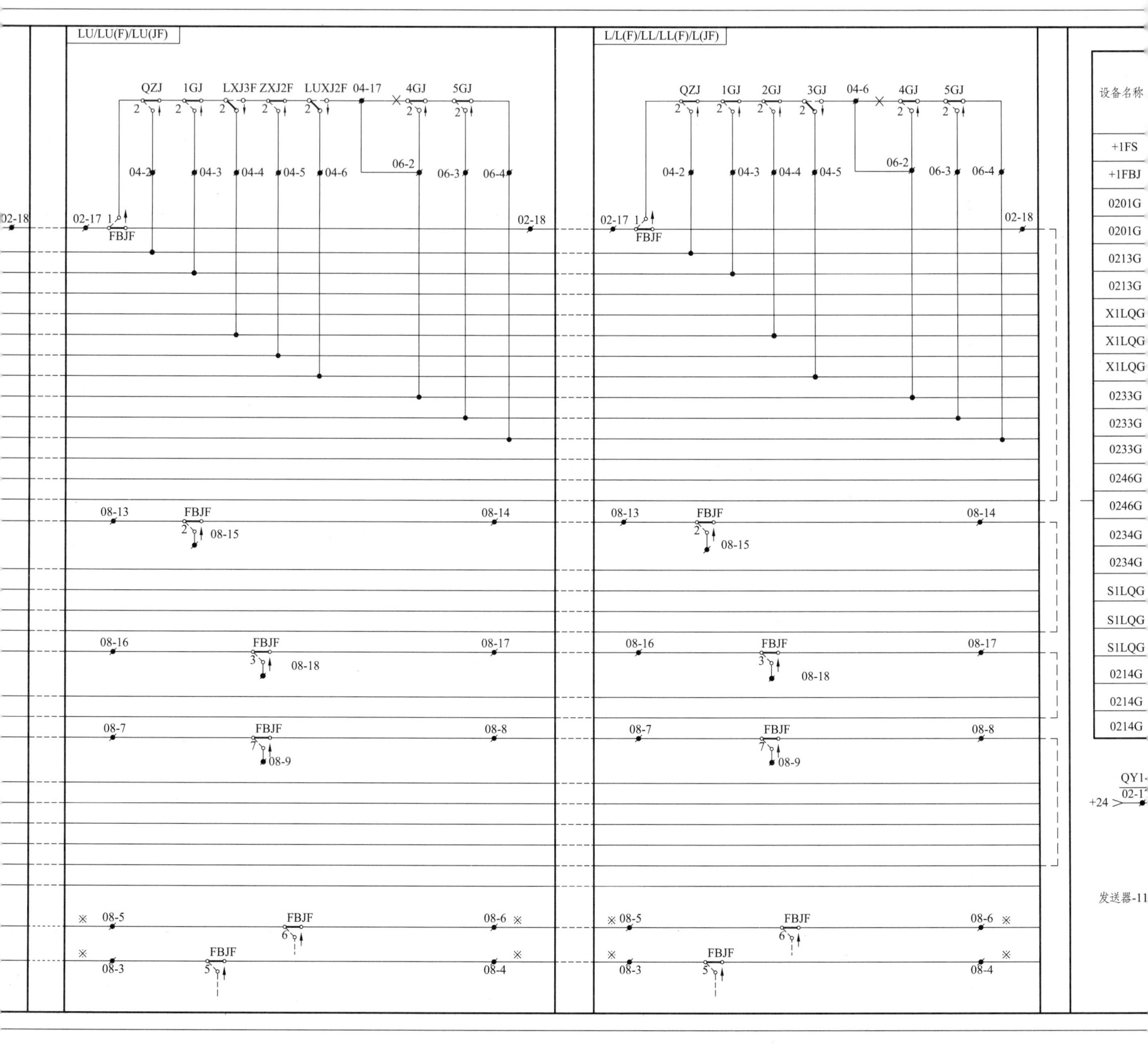

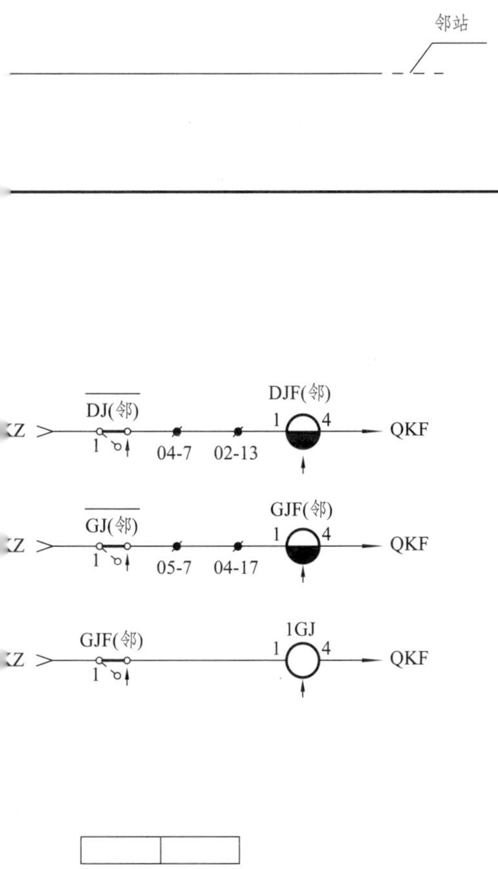

邻站

DJ(邻)   DJF(邻)
KZ ——oo——|——|—— 1 ● 4 → QKF
   1   04-7 02-13

GJ(邻)   GJF(邻)
KZ ——oo——|——|—— 1 ● 4 → QKF
   1   05-7 04-17

GJF(邻)   1GJ
KZ ——oo—— 1 ○ 4 → QKF
   1

电路图(四)

图 号	03-LT-310
日 期	
第 4 张 共 4 张	
021	

U/U(F)
LXJ2F
YXJF
ZXJF
LXJ2F
TXJF
( )
01-13
01-14
01-15
01-16
01-17
01-18
1GJ
2GJ
3GJ
4GJ
5GJ
04-3
04-4
04-5
04-6
06-2
06-3
06-4
02-18
02-17
FBJF
QZJ
LUXJF
04-9
04-2
04-7
04-8
(SF/XF)
ZXJF
10-6
10-7
10-8
08-13
08-14
08-15
08-16
08-17
08-18
08-7
08-8
08-9
QZ1-1
S1LQG
4ZHJ
06-1
03-5
03-1
0213G
3ZHJ
04-13
04-14
04-15
03-4
08-3
08-4
08-5
08-6

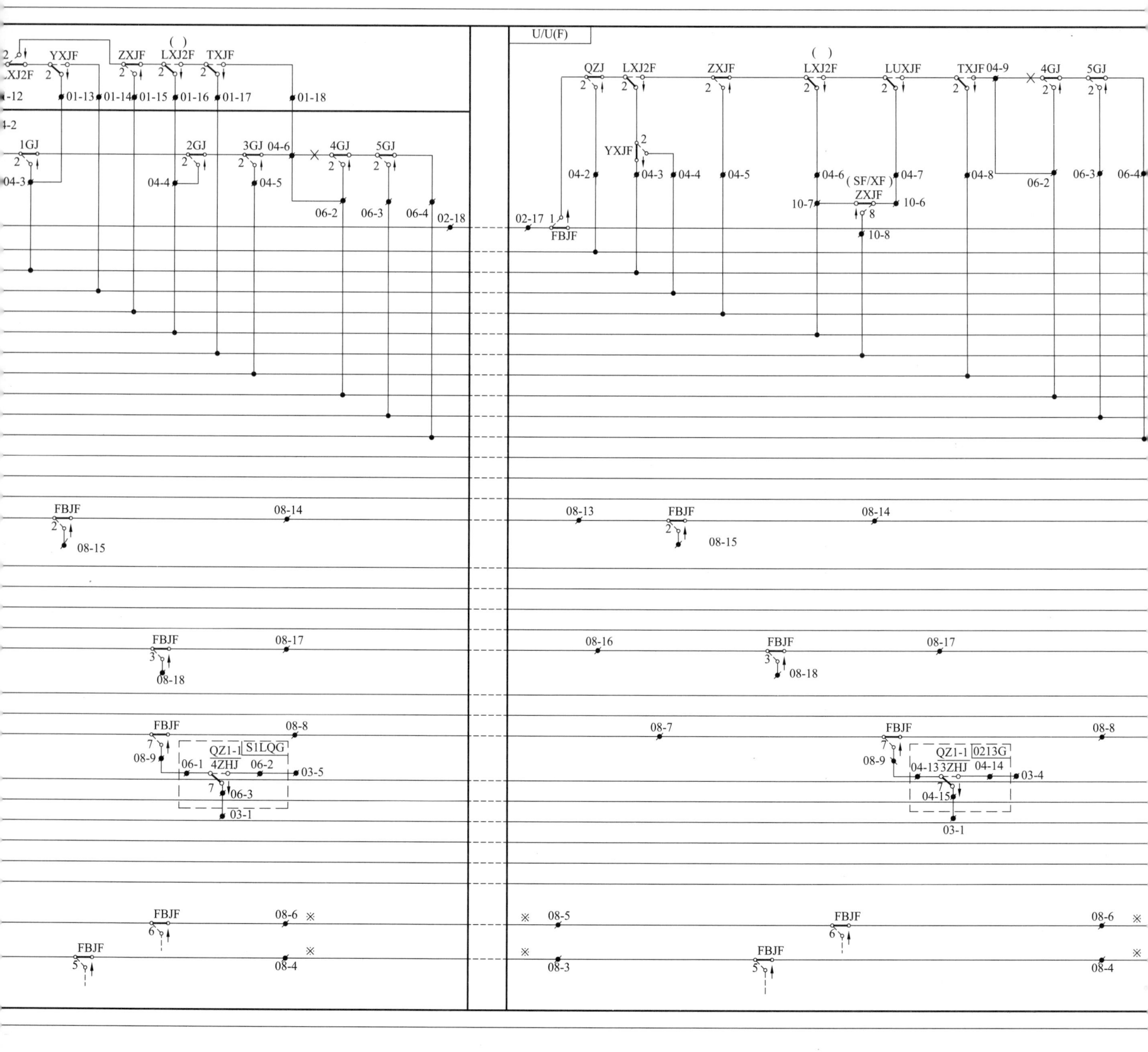

设 计		站间联系电路图(三)	图 号	03-LT-310
复 核			日 期	
专项技术负责			第 3 张 共 4 张	
			021	

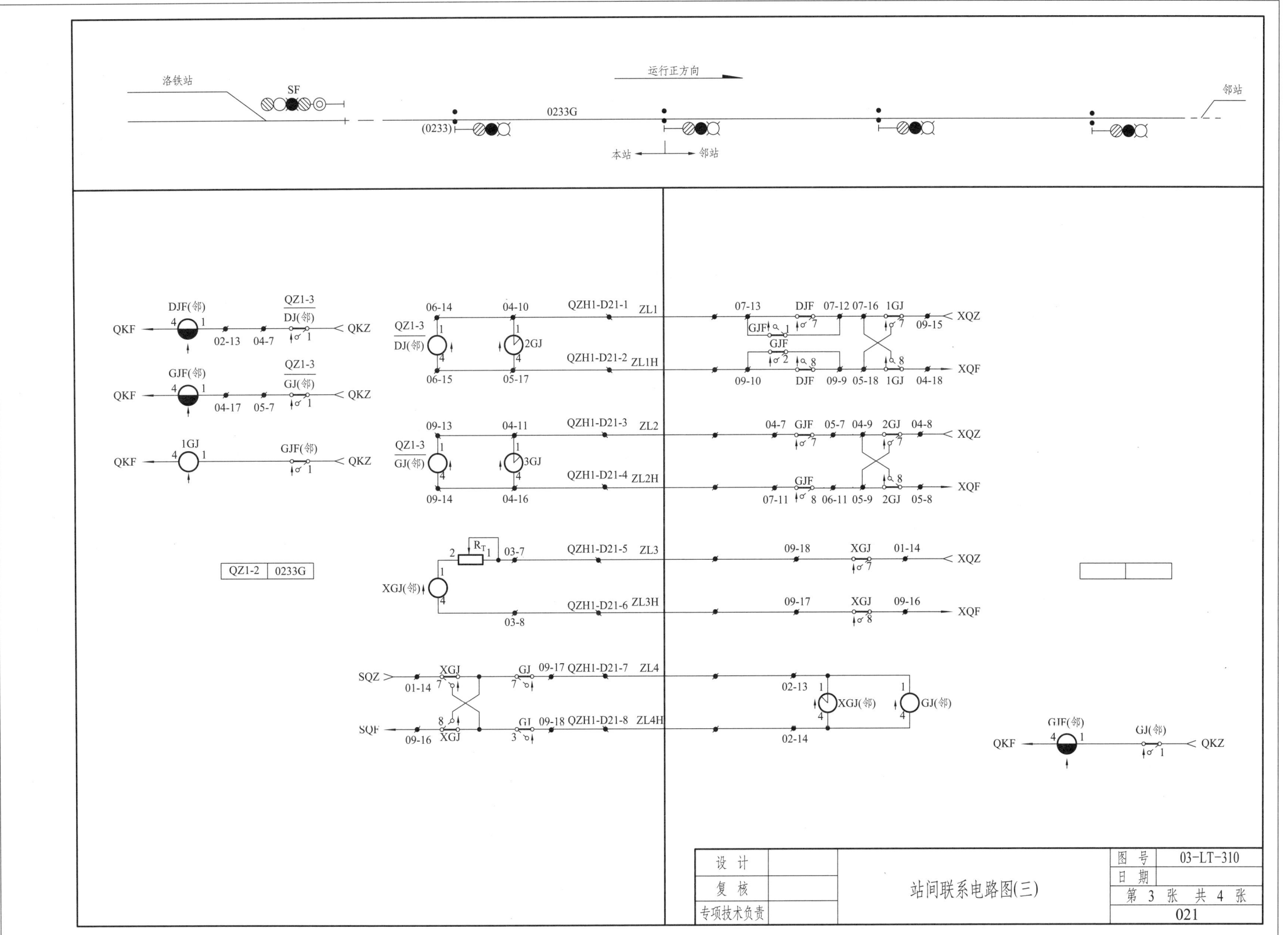

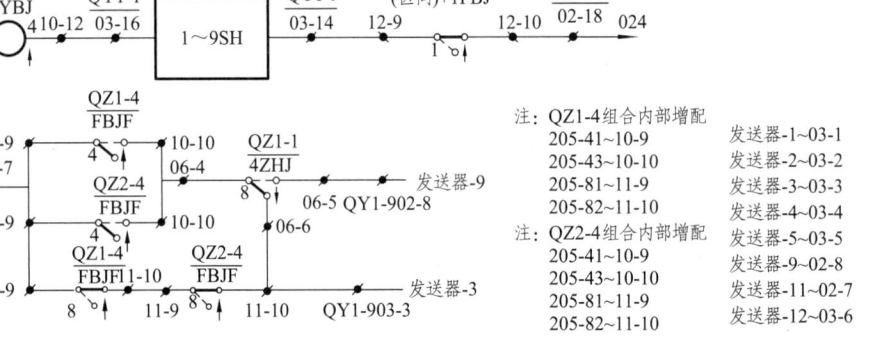

低频编码												设备名称	组合位置	区间 N+1 发送设备																		
														载频选择										电平调整							功放输出	
F	HU	HB	UU	U	U2	LU	L	L2	L3	UUS	U2S			公共端	+1QFS	公共端	1700	2000	2300	2600	公共端	-1	-2	1	2	3	4	5	9	12	S1	S2
01-2	01-3	01-5	01-11	01-12	01-14	01-15	01-17	01-16	01-18	01-10	01-9			02-17	01-1	02-17	03-7	03-8	03-9	03-10	02-17	03-11	03-12	03-1	03-2	03-3	03-4	03-5	02-7	03-6	02-1	02-2
																															09-15 09-16	10-15 10-16
							04-17					X1LQG	QZ1-3	02-17 02-18		08-13 08-14	08-15				08-16 08-17		08-18							08-7 08-8	08-5 08-6	08-3 08-4
04-2	04-3			04-4	04-5	04-6	06-2																									
							04-9					0233G	QZ1-2	02-17 02-18		08-13 08-14			08-15		08-16 08-17		08-18							08-7 08-8	08-5 08-6	08-3 08-4
04-2	04-3	04-4	04-5	04-6 QZ1-310-7	QZ1-410-8	04-8	06-2																									
							04-6					0213G	QZ1-4	02-17 02-18		08-13 08-14			08-15		08-16 08-17	08-18								08-7 08-8	08-5 08-6	08-3 08-4
				04-4		04-5	04-15																									
	04-3	07-3	07-4	07-5	07-6		05-18					0201G	QZ1-5	02-17 02-18		08-13 08-14	08-15				08-16 08-17	08-18								08-7 08-8	08-5 08-6	08-3 08-4
							04-6																									
	04-3			04-4		04-5	06-2					S1LQG	QZ2-4	02-17 02-18		08-13 08-14		08-15			08-16 08-17		08-18							08-7 08-8	08-5 08-6	08-3 08-4
	01-13	01-14	01-15	01-16	01-17		01-18																									
							04-17					0214G	QZ2-5	02-17 02-18		08-13 08-14				08-15	08-16 08-17		08-18							08-7 08-8	08-5 08-6	08-3 08-4
04-2	04-3			04-4	04-5	04-6	06-2																									
							04-9					0234G	QZ2-3	02-17 02-18		08-13 08-14				08-15	08-16 08-17	08-18								08-7 08-8	08-5 08-6	08-3 08-4
04-2	04-3	04-4	04-5	04-6 QZ2-410-7	QZ2-310-8	04-8	06-2																									
							04-6					0246G	QZ2-2	02-17 02-18	02-18	08-13 08-14		08-15		08-14	08-16 08-17	08-18	08-17					08-8		08-7 08-8	08-5 08-6	08-3 08-4
				04-4		04-5	04-15																									
	04-3	07-3	07-4	07-5	07-6		05-18																									
							04-6																									
	04-3			04-4		04-5	06-2																									
	01-13	01-14	01-15	01-16	01-17		01-18																									

注：QZ1-4组合内部增配
205-41~10-9
205-43~10-10
205-81~11-9
205-82~11-10

注：QZ2-4组合内部增配
205-41~10-9
205-43~10-10
205-81~11-9
205-82~11-10

发送器-1~03-1
发送器-2~03-2
发送器-3~03-3
发送器-4~03-4
发送器-5~03-5
发送器-9~02-8
发送器-11~02-7
发送器-12~03-6

注：1.图中带◎者采用 RVSZR2×32×0.2 双芯绞型阻燃塑料线；
2.图中带※者采用 SBVVPZR2X23X0.15双芯绞型阻燃屏蔽线；
3.其余配线均采用 RVZR23×0.15 阻燃塑料软线；
4.关于区间N+1FS内部配线技术要求见工厂图；
5.电平调整端的配线由现场根据轨道电路的长度，实际轨道电路能否正常工作来确定.

设计		区间(N+1)电路及移频报警电路图	图号	03-LT-311
复核			日期	
专项技术负责			第 1 张 共 1 张	
			022	

211			
XGJ		JWXC-1700	
72	09-18	82	09-17
71	01-14	81	09-16
73		83	
52		62	
51		61	
53		63	
32		42	
31		41	
33		43	
12		22	
11		21	
13		23	
3	2	4	02-6
1	02-5	2	3

210			
XGJ(邻)		JPXC-1000	
72		82	
71		81	
73		83	
52	11-15	62	
51	11-14	61	
53	11-16	63	
32		42	
31		41	
33		43	
12	08-11	22	06-1
11	08-10	21	08-12
13		23	
3	2	4	209-4
1	209-1	2	3

209			
GJ(邻)		JWXC-1000	
72		82	
71		81	
73		83	
52		62	
51		61	
53		63	
32		42	
31		41	
33		43	
12	208-1	22	09-2
11	204-11 105-21 QKZ	21	09-1
13		23	
3	2	4	02-14 210-4
1	02-13 210-1	2	3

208			
GJF(邻)		JWXC-H340	
72		82	
71		81	
73		83	
52		62	
51		61	
53		63	
32		42	
31		41	
33		43	
12	101-53	22	101-63
11	103-72	21	103-82
13		23	
3	2	4	111-4 207-4 QKF
1	209-12	2	3

207			
5GJ		JWXC-1700	
72		82	
71		81	
73		83	
52		62	
51		61	
53		63	
32		42	
31		41	
33		43	
12	02-4	22	06-4
11	111-12	21	111-22
13	02-3	23	06-3
3	2	4	206-4 208-4 QKF
1	09-12	2	3

206			
DJF		JWXC-H340	
72	07-13 106-12	82	09-10 106-22
71	07-12 106-11	81	09-9 106-21
73		83	
52		62	
51		61	
53		63	
32	106-61	42	
31	102-62 07-6	41	
33	07-5	43	
12		22	
11		21	
13		23	
3	2	4	205-4 207-4 QKF
1	202-32	2	3

FB	
72	
71	
73	
52	
51	
53	
32	
31	
33	
12	
11	
13	
3	
1	

111			
4GJ		JWXC-1700	
72	83 09-14	82	73 07-18
71	09-13	81	07-17
73	82	83	72
52		62	
51		61	
53		63	
32		42	
31		41	
33		43	
12	207-11	22	207-21
11	110-12	21	110-22
13	02-2	23	06-2
3	2	4	208-4 110-4 QKF
1	09-11	2	3

110			
LUXJ2F		JWXC-1700	
72	09-8	82	07-15
71	09-7	81	07-14
73		83	
52		62	
51		61	
53		63	
32		42	
31		41	
33		43	
12	111-11 05-17	22	111-21 04-17
11	109-12	21	109-22
13	05-6	23	04-6
3	2	4	109-4 111-4 QKF
1	04-11	2	3

109			
ZXJ2F		JWXC-1700	
72	108-71	82	108-81
71	04-8	81	05-8
73	108-73	83	108-83
52		62	
51	108-51	61	107-61 108-61
53	108-53	63	108-63
32	203-32	42	203-42
31	108-32	41	108-42
33	108-33 203-31	43	203-41 108-43
12	110-11	22	110-21
11	108-12	21	108-22
13	05-5	23	04-5
3	2	4	108-4 110-4 QKF
1	04-16	2	3

108			
LXJ3F		JWXC-1700	
72	83 04-9	82	73 05-9
71	109-72	81	109-82
73	82 109-73	83	72 109-83
52		62	
51	106-52 109-51	61	109-61
53	109-53 107-52	63	109-63 203-11
32	109-31	42	109-41
31	107-32	41	107-42
33	109-33	43	109-43 107-43
12	109-11	22	109-21
11	107-12	21	107-22
13	05-4	23	04-4
3	2	4	107-4 109-4 QKF
1	04-10	2	3

107			
1GJ		JWXC-1700	
72	83 07-16	82	73 05-18
71	09-15	81	04-18
73	82	83	72
52	108-53	62	07-3
51	01-9	61	106-62 109-61
53	33	63	203-12
32	108-31	42	108-41
31	106-32	41	106-42
33	53	43	108-43
12	108-11	22	108-21
11	101-12	21	101-22
13	05-3	23	04-3
3	2	4	106-4 108-4 QKF
1	04-1	2	3

106			
GJF		JWXC-1700	
72	04-7	82	07-11
71	05-7	81	06-11
73		83	
52	108-51	62	107-61
51	203-2	61	206-32
53		63	07-4
32	107-31	42	107-41
31	202-2	41	102-82
33	01-7	43	01-8
12	206-72	22	206-82
11	206-71	21	206-81
13		23	
3	2	4	107-4 105-2 QKF
1	105-22	2	3

GJ	
72	
71	
73	
52	
51	
53	
32	
31	
33	
12	
11	
13	
3	
1	

D8

SQZ (1A)		
1	D3-3	SQZ
2	D10-13	SQZ
5		
6		
3	D3-4	SQF
4	D10-14	SQF
SQF (1A)		

D7

XQZ (1A)		
1	D3-1	XQZ
2	D10-11	XQZ
5		
6		
3	D3-2	XQF
4	D10-12	XQF
XQF (1A)		

D6

KZ (3A)		
1	D2-1	KZ
2	D10-3	KZ
5		
6		
3	D2-2	KF
4	D10-4	KF
KF (3A)		

D5

QKZ (3A)		
1	D1-1	QKZ
2	D10-1	QKZ
5		
6		
3	D1-2	QKF
4	D10-2	QKF
QKF (3A)		

D10

电源引出端子板					
D5-4	QKF	2	1	D5-2	QKZ
D6-4	KF	4	3	D6-2	KZ
		6	5		
		8	7		
		10	9		
D7-4	XQF	12	11	D7-2	XQZ
D8-4	SQF	14	13	D8-2	SQZ
		16	15		
		18	17		

设 计		区间组合架零层电源端子配线图	图 号	03-LT-312
复 核			日 期	
专项技术负责			第 1 张 共 1 张	
			023	

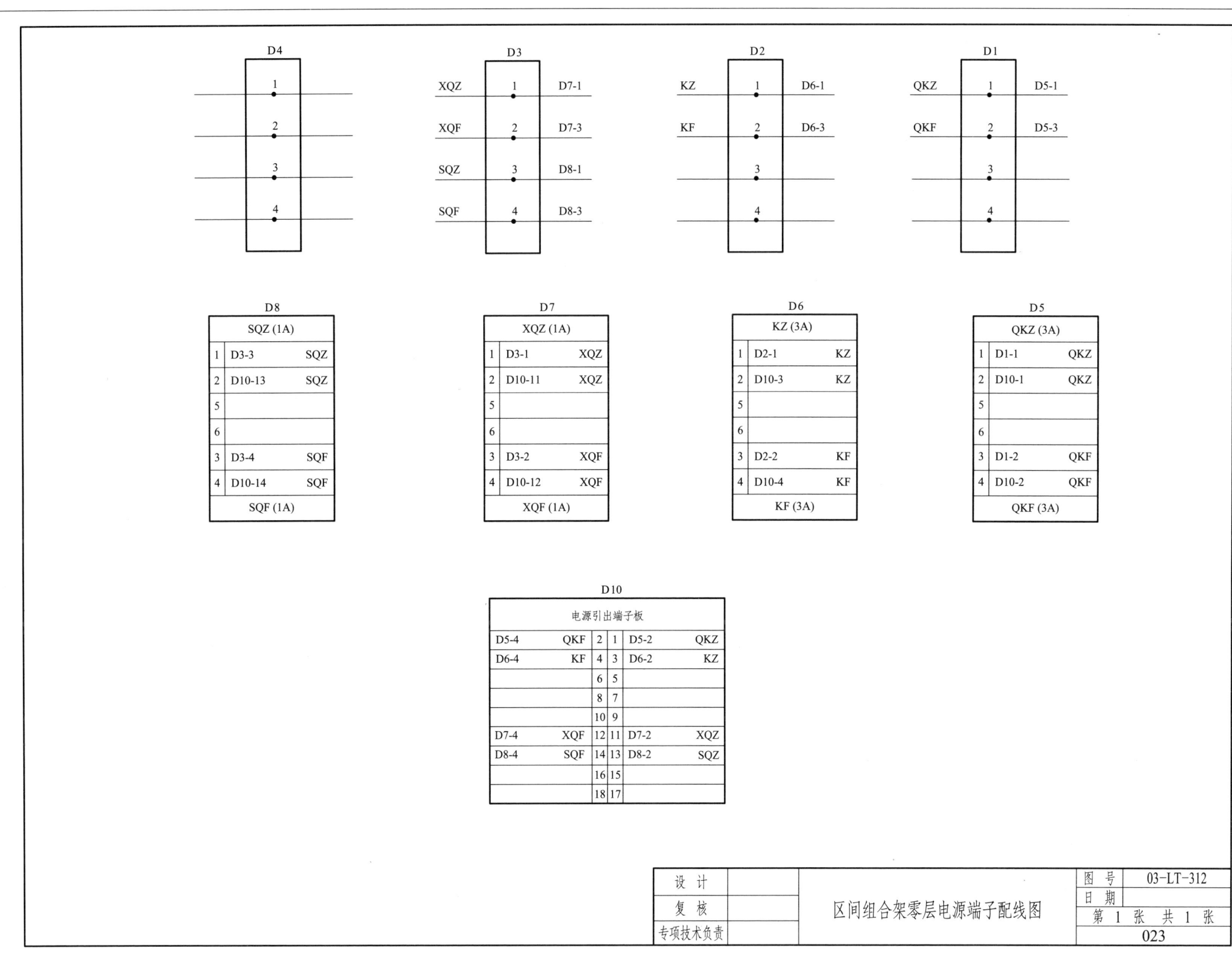

05			
JWXC-1700			
82			
81			
83			
62	08-6		
61	08-5		
63	204-43		
42			
41			
43			
22	08-14		
21	08-13		
23	08-15		
4	R-2 206-4 QKF		
2	3		

204			
FBJ		JWXC-1700	
72		82	10-6
71		81	10-5
73		83	10-7
52		62	
51		61	
53		63	
32	08-2	42	08-1
31	101-61	41	101-51
33	205-53	43	205-63
12	205-1	22	
11	202-31 209-11 QKZ	21	102-61 201-31 JZ
13		23	07-10
3	2	4	02-16
1	02-15	2	3

203					
2DJ			JZXC-16F		
72			82		
71			81		
73			83		
52			62		
51			61		
53			63		
32	32	109-32 01-5	42	42	109-42 01-6
31	31	109-33	41	41	01-10 109-43
33	33		43	43	
12	12	07-2 107-63	22	22	
11	11	108-63	21	21	
13	13	07-1	23	23	
3			4		
1	1	102-72	2	2	106-51

202					
DJ			JZXC-16F		
72			82		
71			81		
73			83		
52			62		
51			61		
53			63		
32	32	206-1	42	42	
31	31	201-11 204-11 QKZ	41	41	
33	33		43	43	
12	12		22	22	
11	11		21	21	
13	13		23	23	
3			4		
1	1	102-72	2	2	106-31

201			
QGJ		JWXC-1700	
72	06-8	82	06-10
71	06-7	81	06-9
73		83	
52		62	
51		61	
53		63	
32	07-8	42	
31	12-5 204-21 JZ	41	
33	07-9	43	
12	105-1	22	
11	12-1 202-31 QKZ	21	
13		23	
3	2	4	05-11
1	05-10	2	3

12		11		10		09		08		07		06		05		04		03		02		01	
1	201-11 2 QKZ	1		1	105-71	1	209-21	1	204-42	1	203-13	1	210-22	1	101-11	1	107-1	1	104-11	1		1	103-51
2	101-31 1 QKZ	2		2	105-72	2	209-22	2	204-32	2	203-12	2	111-23	2	101-13	2	101-23	2	104-21	2	111-13	2	103-61
3	C-(-) 4 QKF	3		3		3		3	205-51	3	107-62	3	207-23	3	107-13	3	107-23	3	102-11	3	207-13	3	103-71
4	102-4 3 QKF	4		4		4		4	205-52	4	106-63	4	207-22	4	108-13	4	108-23	4	102-21	4	207-12	4	103-81
5	201-31 102-61 JZ	5		5	204-81	5		5	205-61	5	206-33	5		5	109-13	5	109-23	5	104-13	5	211-1	5	203-32
6	JF	6		6	204-82	6		6	205-62	6	206-31	6		6	110-13	6	110-23	6	104-23	6	211-4	6	203-42
7		7		7	204-83	7	110-71	7	205-71	7	104-62	7	201-71	7	106-71	7	106-72	7	102-13	7	101-62	7	106-33
8		8		8		8	110-72	8	205-72	8	201-32	8	201-72	8	109-81	8	109-71	8	102-23	8	103-63	8	106-43
9		9		9		9	206-81	9	205-73	9	201-33	9	201-81	9	108-82	9	108-72	9	104-12	9	103-82	9	107-51
10		10		10		10	206-82	10	210-11	10	204-23	10	201-82	10	201-1	10	108-1	10	104-22	10	101-63	10	203-41
11		11	103-11	11		11	111-1	11	210-12	11	106-82	11	106-81	11	201-4	11	110-1	11	102-12	11	101-71	11	101-52
12		12	103-13	12		12	207-1	12	210-21	12	206-71	12	105-31	12	105-61	12	105-51	12	102-22	12	101-81	12	
13		13		13		13	111-71	13	205-21	13	206-72	13	105-32	13	105-62	13	105-52	13	102-31	13	209-1	13	
14		14	210-51	14		14	111-72	14	205-22	14	110-81	14		14	105-63	14	105-53	14	102-32	14	209-4	14	211-71
15		15	210-52	15		15	107-71	15	205-23	15	110-82	15		15	102-81	15	102-71	15	104-32	15	204-1	15	103-72
16		16	210-53	16		16	211-81	16	205-31	16	107-72	16	101-1	16	103-53	16	109-1	16	102-41	16	204-4	16	101-53
17		17		17		17	211-82	17	205-32	17	111-81	17	101-4	17	110-12	17	110-22	17	102-42	17	205-11	17	
18		18		18		18	211-72	18	205-33	18	111-82	18	103-1	18	107-82	18	107-81	18	104-42	18	205-12	18	

5			
WXC-1700			
82			
81			
83			
62	05-13		
61	05-12		
63	05-14		
42			
41			
43			
22	106-1		
21	209-11 103-31 QKZ		
23			
4	1		
2	104-4 106-4 QKF		

104			
QFJF		JWXC-1700	
72		82	
71		81	
73		83	
52		62	07-7
51		61	102-63
53		63	
32	03-15	42	03-18
31	102-33	41	102-43
33		43	
12	03-9	22	03-10
11	03-1	21	03-2
13	03-5	23	03-6
3	2	4	105-2 102-4 QKF
1	103-32	2	3

103			
QFJ		JWXC-1700	
72	01-15 208-11	82	02-9 208-21
71	01-3	81	01-4
73	101-72	83	101-82
52	101-73	62	101-83
51	01-1	61	01-2
53	05-16	63	02-8
32	104-1	42	
31	105-21 101-31 QKZ	41	
33		43	
12		22	
11	11-11	21	
13	11-12	23	
3	2	4	101-4
1	06-18	2	3

102			
QZJF		JWXC-1700	
72	203-1 202-1	82	106-41
71	04-15	81	05-15
73		83	
52		62	206-31
51		61	204-21 12-5 JZ
53		63	104-61
32	03-14	42	03-17
31	03-13	41	03-16
33	104-31	43	104-41
12	03-11	22	03-12
11	03-3	21	03-4
13	03-7	23	03-8
3	2	4	12-4 104-4 QKF
1	101-32	2	3

101			
QZJ		JWXC-1700	
72	103-73	82	103-83
71	02-11	81	02-12
73	103-52	83	103-62
52	01-11	62	02-7
51	204-41	61	204-31
53	01-16 208-12	63	02-10 208-22
32	102-1	42	
31	103-31 12-2 QKZ	41	
33		43	
12	107-11	22	107-21
11	05-1	21	205-13
13	05-2	23	04-2
3	06-16	4	103-4 06-17
1	2	2	3

LU(F)	QZ1-5	QZ2-2

注：1.160km/h用于LU(F)信号点时，111、207继电器不插；
2.200km/h用于LU(F)信号点时，用全部继电器；
3.内部配线均采用RVZR23×0.15的阻燃塑料线。

设 计		区间组合内部配线表(LU(F)型)	图 号	03-LT-313
复 核			日 期	
专项技术负责			第 1 张 共 5 张	
			024	

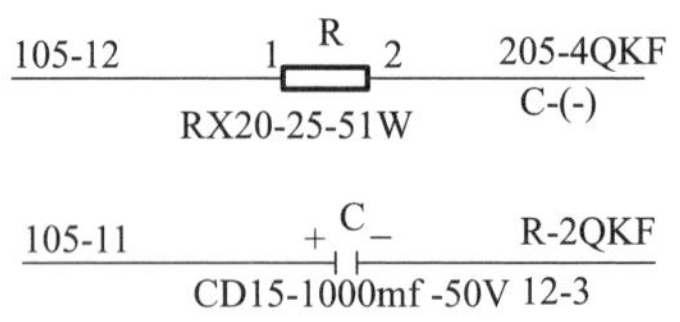

211		
	82	
	81	
	83	
	62	
	61	
	63	
	42	
	41	
	43	
	22	
	21	
	23	
	4	
	2	

210			
5GJ	JWXC-1700		
72		82	
71		81	
73		83	
52		62	
51		61	
53		63	
32		42	
31		41	
33		43	
12	02-4	22	06-4
11	111-12	21	111-22
13	02-3	23	06-3
3	2	4	111-4 208-4 QKF
1	09-12	2	3

209			
+1FBJ	JWXC-1700		
72		82	
71		81	
73		83	
52		62	
51		61	
53		63	
32		42	
31		41	
33		43	
12		22	
11		21	
13		23	
3		4	
1		2	

208			
( )LXJ2F	JWXC-1700		
72		82	
71		81	
73		83	
52		62	
51		61	
53		63	
32		42	
31		41	
33		43	
12	109-11	22	109-21
11	108-12	21	108-22
13	05-6	23	04-6
3	2	4	210-4 207-4 QKF
1	06-6	2	3

207			
YXJF	JWXC-1700		
72		82	
71		81	
73		83	
52		62	
51		61	
53		63	
32		42	
31		41	
33		43	
12	05-4	22	04-4
11	107-13	21	107-23
13	05-3	23	04-3
3	2	4	208-4 206-4 QKF
1	04-18	2	3

206			
TXJF	JWXC-1700		
72	09-10	82	
71	09-9	81	
73		83	
52		62	
51		61	
53		63	
32		42	
31		41	
33		43	
12	111-11 05-9	22	111-21 04-9
11	109-12	21	109-22
13	05-8	23	04-8
3	2	4	207-4 205-4 QKF
1	04-17	2	3

205			
FBJF	JWXC-1700		
72	08-8	82	
71	08-7	81	
73	08-9	83	
52	08-4	62	08-6
51	08-3	61	08-5
53	204-33	63	204-43
32	08-17	42	
31	08-16	41	
33	08-18	43	
12	02-18	22	08-14
11	02-17	21	08-13
13	101-21	23	08-15
3	2	4	R-2 206-4 QKF
1	204-12	2	3

204			
FBJ	JWXC-1700		
72		82	10-6
71		81	10-5
73		83	10-7
52		62	
51		61	
53		63	
32	08-2	42	08-1
31	101-61	41	101-51
33	205-53	43	205-63
12	205-1	22	
11	202-31 105-21 QKZ	21	201-31 102-61 JZ
13		23	07-10
3	2	4	02-16
1	02-15	2	3

203					
2DJ	JZXC-16/16				
72			82		
71			81		
73			83		
52			62		
51			61		
53			63		
32	32	109-32	42	42	109-42
31	31	109-33	41	41	01-10 109-43
33	33		43	43	
12	12	07-2 108-63	22	22	
11	11	109-63	21	21	
13	13	07-1	23	23	
3			4		
1	1	102-72	2	2	106-51

202			
DJ	JZXC		
72			82
71			81
73			83
52			62
51			61
53			63
32	32	110-1	42
31	31	201-11 204-11 QKZ	41
33	33		43
12	12		22
11	11		21
13	13		23
3			4
1	1	102-72	2

111		
4GJ	JWXC-1700	
09-14	82	
09-13	81	
	83	
	62	
	61	
	63	
	42	
	41	
	43	
210-11	22	210-21
206-12	21	206-22
02-2	23	06-2
	4	210-4 110-4 QKF
09-11	2	3

110			
DJF	JWXC-H340		
72		82	
71		81	
73		83	
52		62	
51		61	
53		63	
32	106-61	42	105-82
31	102-62	41	105-81
33	07-5	43	
12	105-42	22	
11	105-41	21	
13		23	
3	2	4	111-4 109-4 QKF
1	202-32	2	3

109			
LUXJF	JWXC-1700		
72	07-18	82	
71	07-17	81	
73		83	
52		62	
51	106-52	61	107-61
53	108-52	63	203-11
32	203-32 01-5	42	203-42 01-6
31	108-32	41	108-42
33	203-31	43	203-41 108-43
12	206-11	22	206-21
11	208-12	21	208-22
13	05-7	23	04-7
3	2	4	108-4 110-4 QKF
1	04-16	2	3

108			
ZXJF	JWXC-1700		
72	07-16	82	09-18
71	07-15	81	09-17
73		83	
52	109-53	62	07-3
51	107-52	61	107-62
53	107-53 33	63	203-12 107-63
32	109-31	42	109-41
31	107-32	41	107-42
33	53	43	107-43 109-43
12	208-11	22	208-21
11	107-12	21	107-22
13	05-5	23	04-5
3	2	4	107-4 109-4 QKF
1	04-11	2	3

107			
LXJ2F	JWXC-1700		
72	07-14	82	
71	07-13	81	
73		83	
52	108-51	62	108-61
51	01-9	61	106-62 109-61
53	33 108-53	63	108-63
32	108-31	42	108-41
31	106-32	41	106-42
33	53	43	108-43
12	108-11	22	108-21
11	101-12	21	101-22
13	207-11	23	207-21
3	2	4	106-4 108-4 QKF
1	04-10	2	3

106			
GJF	JWXC-1700		
72	08-12	82	
71	07-11	81	
73		83	
52	109-51	62	107-61
51	203-2	61	110-32
53		63	07-4
32	107-31	42	107-41
31	202-2	41	102-82
33	01-7	43	01-8
12		22	
11		21	
13		23	
3	2	4	105-2 107-4 QKF
1	105-22	2	3

105			
GJ	JWXC-1700		
72	10-2	82	10-4 110-42
71	10-1	81	10-3 110-41
73		83	
52	04-13	62	05-13
51	04-12	61	05-12
53	04-14	63	05-14
32	06-13	42	110-12 06-15
31	06-12	41	110-11 06-14
33		43	
12	R-1	22	106-1
11	C-(+)	21	204-11 103-31 QKZ
13	3	23	
3	13	4	1
1	4 201-12	2	106-4 104-4 QKF

104			
QFJF	JWXC-1700		
72		82	
71		81	
73		83	
52		62	07-7
51		61	102-63
53		63	
32	03-15	42	03-18
31	102-33	41	102-43
33		43	
12	03-9	22	03-10
11	03-1	21	03-2
13	03-5	23	03-6
3	2	4	102-4 105-2 QKF
1	103-32	2	3

103			
QFJ	JWXC-1700		
72	01-15	82	02-9
71	01-3	81	01-4
73	101-72	83	101-82
52	101-73	62	101-83
51	01-1	61	01-2
53	05-16	63	02-8
32	104-1	42	
31	101-31 105-21 QKZ	41	
33		43	
12		22	
11	11-11	21	
13	11-12	23	
3	2	4	101-4
1	06-18	2	3

102		
QZJF	JW	
72	202-1 203-1	82
71	04-15	81
73		83
52		62
51		61
53		63
32	03-14	42
31	03-13	41
33	104-31	43
12	03-11	22
11	03-3	21
13	03-7	23
3	2	4
1	101-32	2

05	
JWXC-1700	
82	
81	
83	
62	08-6
61	08-5
63	204-43
42	
41	
43	
22	08-14
21	08-13
23	08-15
4	206-4 203-4 QKF
2	3

204			
FBJ	JWXC-1700		
72		82	08-11
71		81	08-10
73		83	08-12
52		62	
51		61	
53		63	
32	08-2	42	08-1
31	101-61	41	101-51
33	205-53	43	205-63
12	205-1	22	
11	201-11 209-11 QKZ	21	201-31 102-61 JZ
13		23	07-10
3	2	4	02-16
1	02-15	2	3

203			
YXJF	JWXC-1700		
72	11-5	82	10-5
71	202-73	81	202-83
73	11-4	83	10-4
52	11-13	62	09-8
51	202-53	61	202-63
53	11-12	63	09-7
32	06-3	42	07-3
31	202-33	41	202-43
33	107-13	43	107-23
12	07-14	22	01-14
11	202-13	21	202-23
13	07-13	23	01-13
3	2	4	202-4 205-4 QKF
1	02-2	2	3

202			
LXJ2F	JWXC-1700		
72		82	
71	11-3	81	10-3
73	203-71	83	203-81
52	206-51	62	206-61
51	11-11	61	11-18
53	203-51	63	203-61
32	206-31	42	206-41
31	101-13	41	101-23
33	203-31	43	203-41
12	206-11	22	206-21
11	07-12	21	01-12
13	203-11	23	203-21
3	2	4	203-4 R-2 QKF
1	02-1	2	3

201			
QGJ	JWXC-1700		
72	06-8	82	06-10
71	06-7	81	06-9
73		83	
52		62	
51		61	
53		63	
32	07-8	42	
31	12-5 204-21 JZ	41	
33	07-9	43	
12	105-1	22	
11	12-2 204-11 QKZ	21	
13		23	
3	2	4	05-11
1	05-10	2	3

12		11		10		09		08		07		06		05		04		03		02		01	
1	101-31 2 QKZ	1	210-21	1	105-71	1	106-51	1	204-42	1	207-63	1		1	101-11	1	107-1	1	104-11	1	202-1	1	103-51
2	1 201-11 QKZ	2	210-22	2	105-72	2	106-52	2	204-32	2	207-62	2		2		2		2	104-21	2	203-1	2	103-61
3	102-4 4 QKF	3	202-71	3	202-81	3	106-61	3	205-51	3	203-42	3	203-32	3	107-13	3	107-23	3	102-11	3	206-1	3	103-71
4	3 C-(-) QKF	4	203-73	4	203-83	4	106-62	4	205-52	4	206-43	4	206-33	4	108-13	4	108-23	4	102-21	4	208-1	4	103-81
5	102-61 201-31 JZ	5	203-72	5	203-82	5		5	205-61	5	208-43	5	208-33	5	109-13	5	109-23	5	104-13	5	207-1	5	105-42
6	JF	6	206-7]	6	206-81	6		6	205-62	6	207-43	6	207-33	6	109-12	6	109-22	6	104-23	6		6	107-32
7	211-31	7	206-72	7	206-82	7	203-63	7	205-71	7	104-62	7	201-71	7	210-12	7	209-12	7	102-13	7	101-62	7	108-32
8		8	206-73	8	206-83	8	203-62	8	205-72	8	201-32	8	201-72	8	108-71	8	108-72	8	102-23	8	103-63	8	109-32
9	211-11	9		9		9	206-63	9	205-73	9	201-33	9	201-81	9	109-71	9	109-72	9	104-12	9		9	110-32
10	211-12	10		10		10	208-63	10	204-81	10	204-23	10	201-82	10	201-1	10	108-1	10	104-22	10		10	111-32
11	102-81	11	202-51	11	211-1	11	110-1	11	204-82	11	102-62	11	103-53	11	201-4	11	109-1	11	102-12	11	101-71	11	101-52
12	102-82	12	203-53	12	211-4	12	111-1	12	204-83	12	202-11	12	105-31	12	105-61	12	105-51	12	102-22	12	101-81	12	202-21
13	102-83	13	203-52	13	102-71	13	210-1	13	205-21	13	203-13	13	105-32	13	105-62	13	105-52	13	102-31	13		13	203-23
14		14	206-53	14	102-72	14	210-4	14	205-22	14	203-12	14	209-1	14	105-63	14	105-53	14	102-32	14		14	203-22
15	16 105-4KZ	15	208-53	15	211-71	15	211-81	15	205-23	15	206-13	15	209-4	15	110-13	15	110-23	15	104-32	15	204-1	15	206-23
16	15 111-3KZ	16	207-53	16	211-72	16	211-82	16	205-31	16	208-13	16	101-1	16	111-13	16	111-23	16	102-41	16	204-4	16	208-23
17	18 KF	17	207-52	17	211-73	17	211-83	17	205-32	17	207-13	17	101-4	17	111-12	17	111-22	17	102-42	17	205-11	17	207-23
18	17 KF	18	202-61	18		18		18	205-33	18	207-12	18	103-1	18	207-42	18	207-32	18	104-42	18	205-12	18	207-22

05	
JWXC-1700	
82	
81	
83	
62	05-13
61	05-12
63	05-14
42	01-5
41	12-15 107-31 KZ
43	
22	106-1
21	103-31 210-11 QKZ
23	
4	1
2	104-4 106-4 QKF

104			
QFJF	JWXC-1700		
72		82	
71		81	
73		83	
52		62	07-7
51		61	102-63
53		63	
32	03-15	42	03-18
31	102-33	41	102-43
33		43	
12	03-9	22	03-10
11	03-1	21	03-2
13	03-5	23	03-6
3	2	4	102-4 105-2 QKF
1	103-32	2	3

103			
QFJ	JWXC-1700		
72	101-53	82	101-63
71	01-3	81	01-4
73	101-72	83	101-82
52	101-73	62	101-83
51	01-1	61	01-2
53	06-11	63	02-8
32	104-1	42	
31	101-31 105-21 QKZ	41	
33		43	
12		22	
11		21	
13		23	
3	2	4	101-4
1	06-18	2	3

102			
QZJF	JWXC-1700		
72	10-14	82	12-12
71	10-13	81	12-11
73		83	12-13
52		62	07-11
51		61	12-5 204-21 JZ
53		63	104-61
32	03-14	42	03-17
31	03-13	41	03-16
33	104-31	43	104-41
12	03-11	22	03-12
11	03-3	21	03-4
13	03-7	23	03-8
3	2	4	12-3 104-4 QKF
1	101-32	2	3

101			
QZJ	JWXC-1700		
72	103-73	82	103-83
71	02-11	81	02-12
73	103-52	83	103-62
52	01-11	62	02-7
51	204-41	61	204-31
53	103-72	63	103-82
32	102-1	42	
31	12-1 103-31 QKZ	41	
33		43	
12	107-11	22	107-21
11	05-1	21	205-13
13	202-31	23	202-41
3	2	4	103-4 06-17
1	06-16	2	3

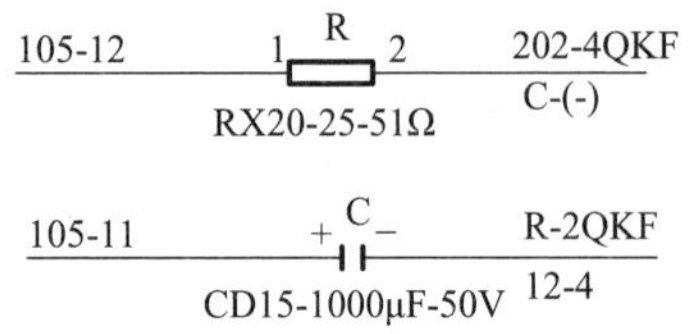

1LQ	QZ1-3	QZ2-4

注：1.内部配线均采用 RVZR23×0.15阻燃塑料软线；
2.2LQ有分割点时在用到的本组合反向发码条件的继电器另加接点配线。目前定为5,6组接点。
3.本组合用于两端站时，211位继电器插，其他站时可不插。

设 计		区间组合内部配线表(1LQ型)	图 号	03-LT-313
复 核			日 期	
专项技术负责			第 3 张 共 5 张	
			026	

211			
QYBJ +1FBJ JWXC-1700			
72	10-16	82	11-16
71	10-15	81	11-15
73	10-17	83	11-17
52		62	
51		61	
53		63	
32		42	
31		41	
33		43	
12	12-10	22	
11	12-9	21	
13		23	
3	2	4	10-12
1	10-11	2	3

210			
GJ(邻站) JWXC-1000			
72		82	
71		81	
73		83	
52		62	
51		61	
53		63	
32		42	
31		41	
33		43	
12	05-7	22	11-2
11	209-11 105-21 QKZ	21	11-1
13		23	
3	2	4	09-14
1	09-13	2	3

209			
DJ(邻站) JWXC-1000			
72		82	
71		81	
73		83	
52		62	
51		61	
53		63	
32		42	
31		41	
33		43	
12	04-7	22	
11	204-11 210-11 QKZ	21	
13		23	
3	2	4	06-15
1	06-14	2	3

208			
( )LXJ2F JWXC-1700			
72		82	
71		81	
73		83	
52	207-51	62	207-61
51	206-52	61	206-62
53	11-15	63	09-10
32	207-31	42	207-41
31	206-32	41	206-42
33	06-5	43	07-5
12	207-11	22	207-21
11	206-12	21	206-22
13	07-16	23	01-16
3	2	4	111-4 207-4 QKF
1	02-4	2	3

207			
TXJF JWXC-1700			
72		82	
71		81	
73		83	
52	11-17	62	07-2
51	208-52	61	208-62
53	11-16	63	07-1
32	04-18	42	05-18
31	208-32	41	208-42
33	06-6	43	07-6
12	07-18	22	01-18
11	208-12	21	208-22
13	07-17	23	01-17
3	2	4	208-4 206-4 QKF
1	02-5	2	3

206			
ZXJF JWXC-1700			
72	11-7	82	10-7
71	11-6	81	10-6
73	11-8	83	10-8
52	208-51	62	208-61
51	202-52	61	202-62
53	11-14	63	09-9
32	208-31	42	208-41
31	202-32	41	202-42
33	06-4	43	07-4
12	208-11	22	208-21
11	202-12	21	202-22
13	07-15	23	01-15
3	2	4	207-4 205-4 QKF
1	02-3	2	3

FE
72
71
73
52
51
53
32
31
33
12
11
13
3
1

111			
5GJ JWXC-1700			
72		82	
71		81	
73		83	
52		62	
51		61	
53		63	
32	01-10	42	
31	110-31 12-16 KZ	41	
33		43	
12	05-17	22	04-17
11	110-12	21	110-22
13	05-16	23	04-16
3	2	4	110-4 208-4 QKF
1	09-12	2	3

110			
4GJ JWXC-1700			
72		82	
71		81	
73		83	
52		62	
51		61	
53		63	
32	01-9	42	
31	109-31 111-31 KZ	41	
33		43	
12	111-11	22	111-21
11	109-12	21	109-22
13	05-15	23	04-15
3	2	4	111-4 109-4 QKF
1	09-11	2	3

109			
3GJ JWXC-1700			
72	04-9	82	
71	05-9	81	
73		83	
52		62	
51		61	
53		63	
32	01-8	42	
31	108-31 110-31 KZ	41	
33		43	
12	110-11 05-6	22	110-21 04-6
11	108-12	21	108-22
13	05-5	23	04-5
3	2	4	108-4 110-4 QKF
1	04-11	2	3

108			
2GJ JWXC-1700			
72	04-8	82	
71	05-8	81	
73		83	
52		62	
51		61	
53		63	
32	01-7	42	
31	107-31 109-31 KZ	41	
33		43	
12	109-11	22	109-21
11	107-12	21	107-22
13	05-4	23	04-4
3	2	4	107-4 109-4 QKF
1	04-10	2	3

107			
1GJ JWXC-1700			
72		82	
71		81	
73		83	
52		62	
51		61	
53		63	
32	01-6	42	
31	105-41 108-31 KZ	41	
33		43	
12	108-11	22	108-21
11	101-12	21	101-22
13	203-33 05-3	23	203-43 04-3
3	2	4	106-4 108-4 QKF
1	04-1	2	3

106			
GJF JWXC-1700			
72		82	
71		81	
73		83	
52	09-2	62	09-4
51	09-1	61	09-3
53		63	
32		42	
31		41	
33		43	
12		22	
11		21	
13		23	
3	2	4	105-2 107-4 QKF
1	105-22	2	3

G
72
71
73
52
51
53
32
31
33
12
11
13
3
1

12		11		10		09		08		07		06		05		04		03		02		01	
1	201-11 2 QKZ	1		1	105-71	1		1	204-42	1	203-13	1		1	101-11	1		1	104-11	1		1	103-51
2	1 101-31 QKZ	2		2	105-72	2		2	204-32	2	203-12	2	111-23	2	101-13	2	101-23	2	104-21	2	111-13	2	103-61
3	C-(-) 4 QKF	3		3	105-81	3		3	205-51	3	108-62	3	210-23	3	207-13	3	207-23	3	102-11	3	210-13	3	103-71
4	3 102-4 QKF	4		4	105-82	4		4	205-52	4	106-63	4	210-22	4	207-12	4	207-22	4	102-21	4	210-12	4	103-81
5	102-61 201-31 JZ	5		5	204-81	5		5	205-61	5	110-33	5		5	108-13	5	108-23	5	104-13	5		5	109-32
6	JF	6		6	204-82	6		6	205-62	6	102-62	6	208-1	6	208-13	6	208-23	6	104-23	6		6	109-42
7		7		7	204-83	7		7	205-71	7	104-62	7	201-71	7	109-13	7	109-23	7	102-13	7	101-62	7	106-33
8		8		8		8		8	205-72	8	201-32	8	201-72	8	206-13	8	206-23	8	102-23	8	103-63	8	106-43
9		9		9		9	206-71	9	205-73	9	201-33	9	201-81	9	206-12	9	206-22	9	104-12	9	103-82	9	107-51
10		10		10		10	206-72	10		10	204-23	10	201-82	10	201-1	10	107-1	10	104-22	10	101-63	10	203-41
11		11	103-11	11		11	111-1	11		11	106-71	11		11	201-4	11	108-1	11	102-12	11	101-71	11	101-52
12		12	103-13	12		12	210-1	12	106-72	12		12	105-31	12	105-61	12	105-51	12	102-22	12	101-81	12	
13		13		13		13	111-71	13	205-21	13	107-71	13	105-32	13	105-62	13	105-52	13	102-31	13		13	
14		14		14		14	111-72	14	205-22	14	107-72	14	105-41	14	105-63	14	105-53	14	102-32	14		14	
15		15		15		15		15	205-23	15	108-71	15	105-42	15	102-81	15	102-71	15	104-32	15	204-1	15	103-72
16		16		16		16		16	205-31	16	108-72	16	101-1	16	103-53	16	109-1	16	102-41	16	204-4	16	101-53
17		17		17	╳	17	107-81	17	205-32	17	109-71	17	101-4	17		17	206-1	17	102-42	17	205-11	17	
18		18		18	╳	18	107-82	18	205-33	18	109-72	18	103-1	18		18	207-1	18	104-42	18	205-12	18	

201			
QGJ		JWXC-1700	
72	06-8	82	06-10
71	06-7	81	06-9
73		83	
52		62	
51		61	
53		63	
32	07-8	42	
31	12-5 204-21 JZ	41	
33	07-9	43	
12	105-1	22	
11	12-1 202-31 QKZ	21	
13		23	
3	2	4	05-11
1	05-10	2	3

101			
QZJ		JWXC-1700	
72	103-73	82	103-83
71	02-11	81	02-12
73	103-52	83	103-62
52	01-11	62	02-7
51	204-41	61	204-31
53	01-16	63	02-10
32	102-1	42	
31	12-2 103-31 QKZ	41	
33		43	
12	107-11	22	107-21
11	05-1	21	205-13
13	05-2	23	04-2
3	2	4	103-4 06-17
1	06-16	2	3

105-12 —— 1 R 2 —— 205-4QKF C-(-)
RX20-25-51Ω

105-11 —— + C − —— R-2QKF 12-3
CD15-1000μF-50V

U	QZ1-4	QZ2-3

注：1.160km/h用于U信号点时，111、210位继电器不插。
2.200km/h 用于U信号点时，用全部继电器。
3.内部配线均采用RVZR23×0.15的阻燃塑料线。

设计		区间组合内部配线表(U型)	图号	03-LT-313
复核			日期	
专项技术负责			第 2 张 共 5 张	
			025	

201			
QGJ	JWXC-1700		
72	06-6	82	06-9
71	06-5	81	06-8
73		83	
52		62	
51		61	
53		63	
32	07-8	42	
31	12-5 204-21 JZ	41	
33	07-9	43	
12	105-1	22	
11	12-2 202-31 QKZ	21	
13		23	
3	2	4	05-11
1	05-10	2	3

101			
QZJ	JWXC-1700		
72	103-73	82	103-83
71	02-11	81	02-12
73	103-52	83	103-62
52	207-72	62	207-82
51	204-41	61	204-31
53	01-16	63	02-10
32	102-1	42	
31	12-1 103-31 QKZ	41	
33		43	
12	107-11	22	107-21
11	05-1	21	205-13
13	05-2	23	04-2
3	2	4	103-4 06-17
1	06-16	2	3

12		11		10		09		08		07		06		05		04		03		02		01	
1	101-31 2 QKZ	1	207-21	1		1		1	204-42	1	203-13	1		1	101-11	1		1	104-11	1		1	103-51
2	1 201-11 QKZ	2	207-22	2		2		2	204-32	2	203-12	2	111-23	2	101-13	2	101-23	2	104-21	2	111-13	2	103-61
3	102-4 4 QKF	3		3	105-81	3		3	205-51	3	107-62	3	210-23	3	107-13	3	107-23	3	102-11	3	210-13	3	103-71
4	3 C-(-) QKF	4		4	105-82	4		4	205-52	4	106-63	4	210-22	4	108-13	4	108-23	4	102-21	4	210-12	4	103-81
5	102-61 201-31 JZ	5		5	204-81	5	210-71	5	205-61	5	110-33	5	201-71	5	109-13	5	109-23	5	108-81	5	206-1	5	108-32
6		6		6	204-82	6	210-72	6	205-62	6	102-62	6	201-72	6	109-12	6	109-22	6	108-82	6	206-4	6	108-42
7		7		7	204-83	7	109-71	7	205-71	7	104-62	7		7	106-71	7	106-72	7	RT-1	7	102-13	7	106-33
8		8		8		8	109-72	8	205-72	8	201-32	8	201-81	8		8	108-71	8	209-4	8	102-23	8	106-43
9		9		9		9		9	205-73	9	201-33	9	201-82	9		9	108-72	9	104-12	9	103-82	9	107-51
10		10		10		10		10	209-11	10	204-23	10		10	201-1	10	108-1	10	104-22	10	101-63	10	108-43
11		11		11	206-51	11	210-1	11		11		11		11	201-4	11	109-1	11	102-12	11	101-71	11	
12		12		12	206-52	12	210-4	12	209-21	12		12		12	105-61	12	105-51	12	102-22	12	101-81	12	
13		13		13	206-53	13	111-71	13	205-21	13		13		13	105-62	13	105-52	13	102-31	13	208-1	13	
14		14		14	209-51	14	111-72	14	205-22	14		14	105-41	14	105-63	14	105-53	14	102-32	14		14	206-71
15		15		15	209-52	15	107-71	15	205-23	15		15	105-42	15	102-81	15	102-71	15	104-32	15	204-1	15	103-72
16		16		16	209-53	16	206-81	16	205-31	16	107-72	16	101-1	16		16	109-4	16	102-41	16	204-4	16	101-53
17		17		17		17	105-72	17	205-32	17		17	101-4	17	108-4	17	207-1	17	102-42	17	205-11	17	
18		18		18		18	105-32	18	205-33	18		18	103-1	18		18		18	104-42	18	205-12	18	

03-7
1
2
209-1
RX20-T-50-2K
105-12
1
R
2
205-4QKF
C-(-)
RX20-25-51Ω
105-11
C
R-2QKF
12-4
CD15-1000μF-50V

L(JF)	QZ1-2	QZ2-5

设 计		区间组合内部配线表(L(JF)型)	图 号	03-LT-313
复 核			日 期	
专项技术负责			第 4 张 共 5 张	
			027	

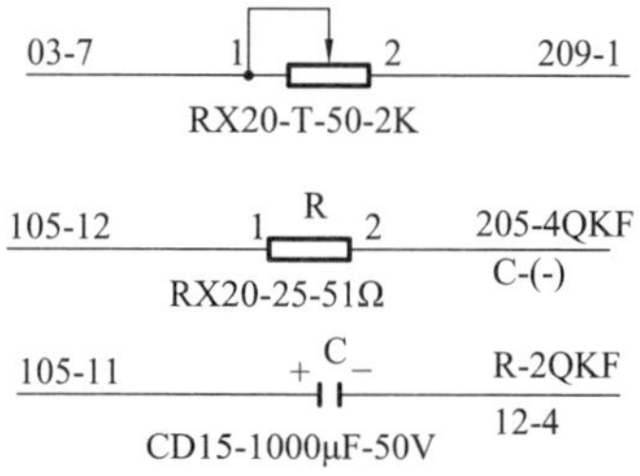

211			
4GJ(邻)		JWXC-1000	
72		82	
71		81	
73		83	
52		62	
51		61	
53		63	
32		42	
31		41	
33		43	
12	111-1	22	
11	207-11 105-21 QKZ	21	
13		23	
3	2	4	210-4
1	210-1	2	3

210			
5GJ		JPXC-1000	
72	09-6	82	
71	09-5	81	
73		83	
52		62	
51		61	
53		63	
32		42	
31		41	
33		43	
12	02-4	22	06-4
11	111-12	21	111-22
13	02-3	23	06-3
3	2	4	211-4 09-12
1	211-1 09-11	2	3

209			
XGJ(邻)		JWXC-1000	
72		82	
71		81	
73		83	
52	10-15	62	
51	10-14	61	
53	10-16	63	
32		42	
31		41	
33		43	
12	104-13	22	104-23
11	08-10	21	08-12
13		23	
3	2	4	03-8
1	RT-2	2	3

208			
DJF(邻)		JWXC-H340	
72	207-72	82	207-82
71	207-71	81	207-81
73		83	
52		62	
51		61	
53		63	
32		42	
31		41	
33		43	
12		22	
11		21	
13		23	
3	2	4	207-4 111-4 QKF
1	02-13	2	3

207			
GJF(邻)		JWXC-H340	
72	101-52 208-72	82	101-62 208-82
71	103-53 208-71	81	103-63 208-81
73		83	
52		62	
51		61	
53		63	
32		42	
31		41	
33		43	
12	107-1	22	11-2
11	211-11 204-11 QKZ	21	11-1
13		23	
3	2	4	205-4 208-4 QKF
1	04-17	2	3

206			
XGJ		JWXC-1700	
72	83 105-71	82	73 105-31
71	01-14	81	09-16
73	82	83	72
52	10-12	62	
51	10-11	61	
53	10-13	63	
32		42	
31		41	
33		43	
12		22	
11		21	
13		23	
3	2	4	02-6
1	02-5	2	3

205			
FBJF		JWXC-1700	
72	08-8	82	
71	08-7	81	
73	08-9	83	
52	08-4	62	08-6
51	08-3	61	08-5
53	204-33	63	204-43
32	08-17	42	
31	08-16	41	
33	08-18	43	
12	02-18	22	08-14
11	02-17	21	08-13
13	101-21	23	08-15
3	2	4	207-4 R-2 QKF
1	204-12	2	3

204			
FBJ		JWXC-1700	
72		82	10-6
71		81	10-5
73		83	10-7
52		62	
51		61	
53		63	
32	08-2	42	08-1
31	101-61	41	101-51
33	205-53	43	205-63
12	205-1	22	
11	202-31 207-11 QKZ	21	201-31 102-61 JZ
13		23	07-10
3	2	4	02-16
1	02-15	2	3

203					
2DJ			JZXC-16/16		
72			82		
71			81		
73			83		
52			62		
51			61		
53			63		
32	32	108-32	42	42	108-42
31	31	108-33	41	41	107-43
33	33		43	43	
12	12	07-2 107-63	22	22	
11	11	108-63	21	21	
13	13	07-1	23	23	
3			4		
1	1	102-72	2	2	106-51

202					
DJ			JZXC-1		
72			82		
71			81		
73			83		
52			62		
51			61		
53			63		
32	32	110-1	42	42	
31	31	201-11 204-11 QKZ	41	41	
33	33		43	43	
12	12		22	22	
11	11		21	21	
13	13		23	23	
3			4		
1	1	102-72	2	2	

111			
4GJ		JWXC-H340	
72	09-14	82	
71	09-13	81	
73		83	
52		62	
51		61	
53		63	
32		42	
31		41	
33		43	
12	210-11	22	210-21
11	109-12	21	109-22
13	02-2	23	06-2
3	2	4	208-4 110-4 QKF
1	211-12	2	3

110			
DJF		JWXC-H340	
72		82	
71		81	
73		83	
52		62	
51		61	
53		63	
32	106-61	42	105-82
31	102-62	41	105-81
33	07-5	43	
12	105-42	22	
11	105-41	21	
13		23	
3	2	4	107-4 111-4 QKF
1	202-32	2	3

109			
3GJ		JPXC-1000	
72	09-8	82	
71	09-7	81	
73		83	
52		62	
51		61	
53		63	
32		42	
31		41	
33		43	
12	111-11 05-6	22	111-21 04-6
11	108-12	21	108-22
13	05-5	23	04-5
3	2	4	04-16
1	04-11	2	3

108			
2GJ		JPXC-1000	
72	04-9	82	03-6
71	04-8	81	03-5
73		83	
52		62	
51	106-52	61	107-61
53	107-52	63	203-11
32	203-32 01-5	42	203-42 01-6
31	107-32	41	107-42
33	203-31	43	107-43 01-10
12	109-11	22	109-21
11	107-12	21	107-22
13	05-4	23	04-4
3	2	4	05-17
1	04-10	2	3

107			
1GJ		JWXC-1700	
72	07-16	82	
71	09-15	81	
73		83	
52	108-53	62	07-3
51	01-9	61	106-62 108-61
53	33	63	203-12
32	108-31	42	108-41
31	106-32	41	106-42
33	53	43	203-41 108-43
12	108-11	22	108-21
11	101-12	21	101-22
13	05-3	23	04-3
3	2	4	106-4 110-4 QKF
1	207-12	2	3

106			
GJF		JWXC-1700	
72	04-7	82	
71	05-7	81	
73		83	
52	108-51	62	107-61
51	203-2	61	110-32
53		63	07-4
32	107-31	42	107-41
31	202-2	41	102-82
33	01-7	43	01-8
12		22	
11		21	
13		23	
3	2	4	105-2 107-4 QKF
1	105-22	2	3

105			
GJ		JWXC-1700	
72	09-17	82	110-42 10-4
71	206-72	81	110-41 10-3
73		83	
52	04-13	62	05-13
51	04-12	61	05-12
53	04-14	63	05-14
32	09-18	42	110-12 06-15
31	206-82	41	110-11 06-14
33		43	
12	R-1	22	106-1
11	C-(+)	21	103-31 211-11 QKZ
13	3	23	
3	13	4	1
1	4 201-12	2	104-4 106-4 QKF

104			
QFJF		JWXC-1700	
72		82	
71		81	
73		83	
52		62	07-7
51		61	102-63
53		63	
32	03-15	42	03-18
31	102-33	41	102-43
33		43	
12	03-9	22	03-10
11	03-1	21	03-2
13	209-12	23	209-22
3	2	4	102-4 105-2 QKF
1	103-32	2	3

103			
QFJ		JWXC-1700	
72	01-15	82	02-9
71	01-3	81	01-4
73	101-72	83	101-82
52	101-73	62	101-83
51	01-1	61	01-2
53	207-71	63	207-81
32	104-1	42	
31	101-31 105-21 QKZ	41	
33		43	
12		22	
11		21	
13		23	
3	2	4	101-4
1	06-18	2	3

102			
QZJF		JWXC	
72	202-1 203-1	82	
71	04-15	81	
73		83	
52		62	
51		61	[illegible]
53		63	
32	03-14	42	
31	03-13	41	
33	104-31	43	
12	03-11	22	
11	03-3	21	
13	02-7	23	
3	2	4	[illegible]
1	101-32	2	

5			
XGJ（邻） JWXC-1700			
72	05-4	82	05-8
71	05-3	81	05-7
73		83	
52		62	
51		61	
53		63	
32		42	
31		41	
33		43	
12		22	
11		21	
13		23	
3	2	4	05-2
1	05-1	2	3

4			
DJF（邻） JWXC-H340			
72	04-4 1-12	82	04-8 1-22
71	04-3 1-11	81	04-7 1-21
73		83	
52		62	
51		61	
53		63	
32		42	
31		41	
33		43	
12		22	
11		21	
13		23	
3	2	4	04-2
1	04-1	2	3

3			
2GJ（邻） JWXC-1700			
72	83 03-4	82	73 03-8
71	03-3	81	03-7
73	82	83	72
52		62	
51		61	
53		63	
32		42	
31		41	
33		43	
12		22	
11		21	
13		23	
3	2	4	03-2
1	03-1	2	3

2			
1GJ（邻） JWXC-1700			
72	83 02-4	82	73 02-8
71	02-3	81	02-7
73	82	83	72
52		62	
51		61	
53		63	
32		42	
31		41	
33		43	
12		22	
11		21	
13		23	
3	2	4	02-2
1	02-1	2	3

1			
GJF（邻） JWXC-1700			
72	01-4	82	01-8
71	01-3	81	01-7
73		83	
52		62	
51		61	
53		63	
32		42	
31		41	
33		43	
12	4-72	22	4-82
11	4-71	21	4-81
13		23	
3	2	4	01-2
1	01-1	2	3

06		05		04		03		02		01	
1	QKZ 2	1	5-1	1	4-1	1	3-1	1	2-1	1	1-1
2	QKZ 1	2	5-4	2	4-4	2	3-4	2	2-4	2	1-4
3	QKF 4	3	5-71	3	4-71	3	3-71	3	2-71	3	1-71
4	QKF 3	4	5-72	4	4-72	4	3-72	4	2-72	4	1-72
5	JZ	5		5		5		5		5	
6		6		6		6		6		6	
7		7	5-81	7	4-81	7	3-81	7	2-81	7	1-81
8		8	5-82	8	4-82	8	3-82	8	2-82	8	1-82
9		9		9		9		9		9	6-1
10		10		10		10		10		10	6-4
11	10-71	11	9-71	11	8-71	11	7-71	11	6-71	11	7-1
12	10-72	12	9-72	12	8-72	12	7-72	12	6-72	12	7-4
13	10-81	13	9-81	13	8-81	13	7-81	13	6-81	13	8-1
14	10-82	14	9-82	14	8-82	14	7-82	14	6-82	14	8-4
15		15		15		15		15		15	9-1
16		16		16		16		16		16	9-4
17		17		17		17		17		17	10-1
18		18		18	地	18		18		18	10-4

10			
XGJ（邻） JWXC-1700			
72	06-12	82	06-14
71	06-11	81	06-13
73		83	
52		62	
51		61	
53		63	
32		42	
31		41	
33		43	
12		22	
11		21	
13		23	
3	2	4	01-18
1	01-17	2	3

9			
DJF（邻） JWXC-H340			
72	05-12 6-12	82	05-14 6-22
71	05-11 6-11	81	05-13 6-21
73		83	
52		62	
51		61	
53		63	
32		42	
31		41	
33		43	
12		22	
11		21	
13		23	
3	2	4	01-16
1	01-15	2	3

8			
2GJ（邻） JWXC-1700			
72	83 04-12	82	73 04-14
71	04-11	81	04-13
73	82	83	72
52		62	
51		61	
53		63	
32		42	
31		41	
33		43	
12		22	
11		21	
13		23	
3	2	4	01-14
1	01-13	2	3

7			
1GJ（邻） JWXC-1700			
72	83 03-12	82	73 03-14
71	03-11	81	03-13
73	82	83	72
52		62	
51		61	
53		63	
32		42	
31		41	
33		43	
12		22	
11		21	
13		23	
3	2	4	01-12
1	01-11	2	3

6			
GJF（邻） JWXC-1700			
72	02-12	82	02-14
71	02-11	81	02-13
73		83	
52		62	
51		61	
53		63	
32		42	
31		41	
33		43	
12	9-72	22	9-82
11	9-71	21	9-81
13		23	
3	2	4	01-10
1	01-9	2	3

ZL	QZ2-1

设 计		区间组合内部配线表(ZL)	图 号	03-LT-313
复 核			日 期	
专项技术负责			第 5 张 共 5 张	
			028	

QY1-1

	03	02	01
1	QZ1-502-11	QZ1-508-1	
2	QZ1-502-12	QZ1-508-2	QZ1-505-2
3		QZ1-502-15	QZ1-505-3
4		QZ1-502-16	
5	QZ1-503-14	QZ2-503-17	
6	QZ1-503-15	QZ2-503-18	
7	QZ1-505-10		
8	QZ1-505-11		
9	QZ1-503-3		
10	QZ1-503-4		
11	QZ1-503-1	QZ1-503-13	
12	QZ1-503-2		QZ1-505-4
13			
14	QY1-203-13		QZ1-505-5
15			QZ1-505-6
16	QZ1-310-12		
17	QZ2-503-16 QZ1-508-10 +24	QZ1-505-1 QZ1-310-11 +24	QZ1-502-2
18	QZ1-508-12 024	QZ2-412-10 024	

QY1-2

	03	02	01
1	QZ2-502-11	QZ2-508-1	
2	QZ2-502-12	QZ2-508-2	
3		QZ2-502-15	Q
4		QZ2-502-16	
5	QZ2-503-14	QZ1-503-17	Q
6	QZ2-503-15	QZ1-503-18	
7	QZ2-505-10		
8	QZ2-505-11		
9	QZ2-503-3		
10	QZ2-503-4		
11	QZ2-503-1	QZ2-503-13	Q
12	QZ2-503-2		Q
13	QY-103-14		
14	QY-303-13		Q
15			Q
16			
17	QZ1-503-16 QZ2-508-10 +24	QZ2-505-1	QZ QZ
18	QZ2-508-12 024		

QY1-6

	03	02	01
1	QZ2-302-11	QZ2-308-1	
2	QZ2-302-12	QZ2-308-2	QZ2-305-2
3		QZ2-302-15	QZ2-305-3
4		QZ2-302-16	
5	QZ2-303-14	QZ1-303-17	QZ2-305-4
6	QZ2-303-15	QZ1-303-18	
7	QZ2-305-10		
8	QZ2-305-11		
9	QZ2-303-3		
10	QZ2-303-4		
11	QZ2-303-1	QZ2-303-13	QZ2-305-5
12	QZ2-303-2		QZ2-411-7
13	QY-503-14		
14	QY-703-13		QZ2-411-8
15			QZ2-305-8
16			
17	QZ2-303-5 QZ1-303-16 +24	QZ2-305-1	QZ2-302-2
18	QZ2-303-6 024		

QY1-7

	03	02	01
1	QZ1-202-11	QZ1-208-1	
2	QZ1-202-12	QZ1-208-2	
3		QZ1-202-15	Q
4		QZ1-202-16	
5	QZ1-203-14	QZ2-203-17	Q
6	QZ1-203-15	QZ2-203-18	
7	QZ1-205-10		
8	QZ1-205-11		
9	QZ1-203-3		
10	QZ1-203-4		
11	QZ1-203-1	QZ1-203-13	Q
12	QZ1-203-2		Q
13	QY-603-14		
14	QY-803-14		Q
15			Q
16			
17	QZ2-203-16 QZ1-208-10 +24	QZ1-205-1	Q Q
18	QZ1-208-12 024		

D			
1-3	1	2	1-4
2-3	3	4	2-4
3-3	5	6	3-4
4-3	7	8	4-4
5-3	9	10	5-4
6-3	11	12	6-4
	13	14	
	15	16	
RD1-1 RD6-1 QXJZ220	17	18	1-2 6-2 QXJF220

GLB	QZH1-3
GLB	QZH1-4

设 计		点灯隔离变压器组合内部配线表	图 号	03-LT-314
复 核			日 期	
专项技术负责			第 1 张 共 1 张	
			029	

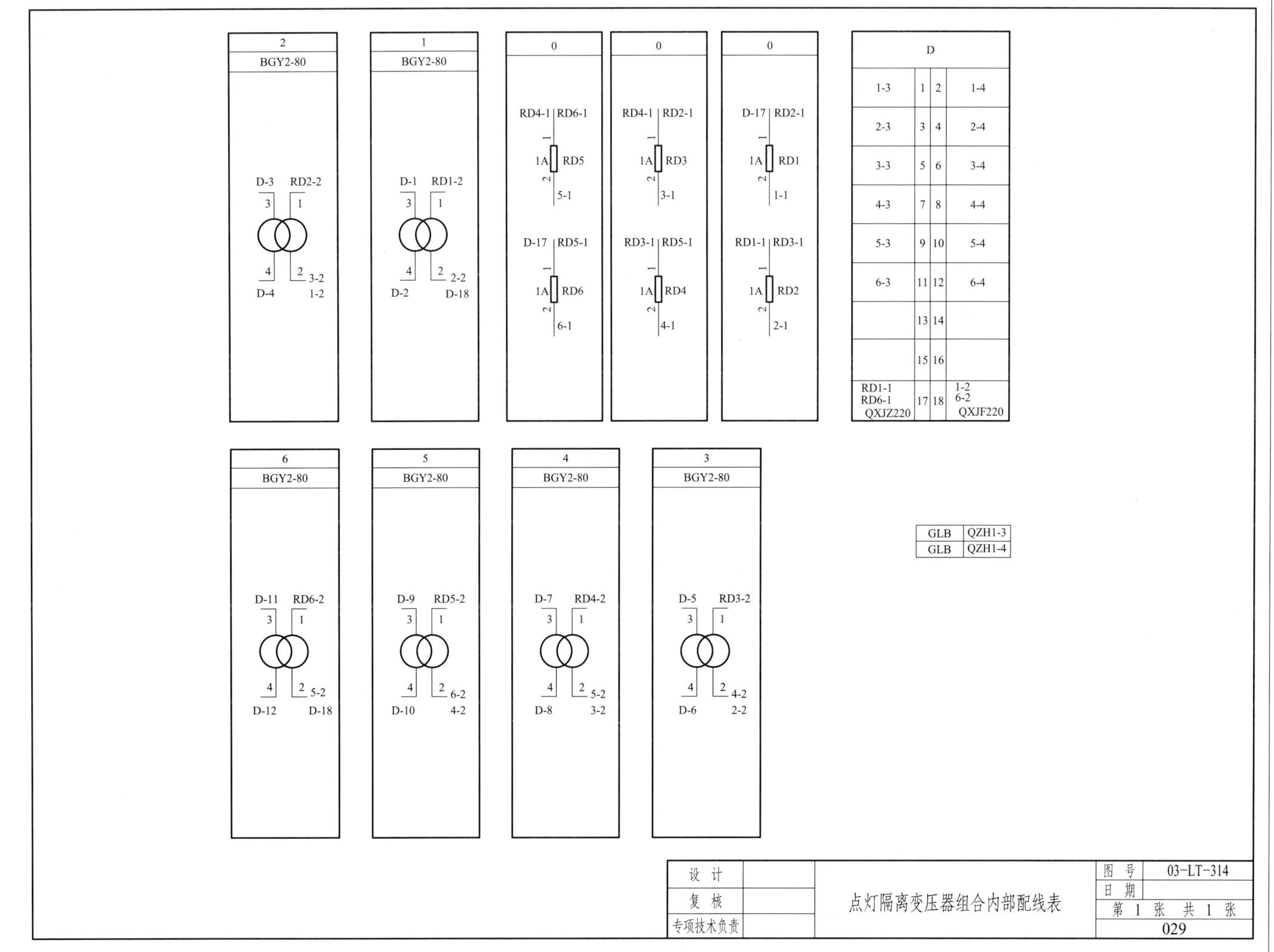

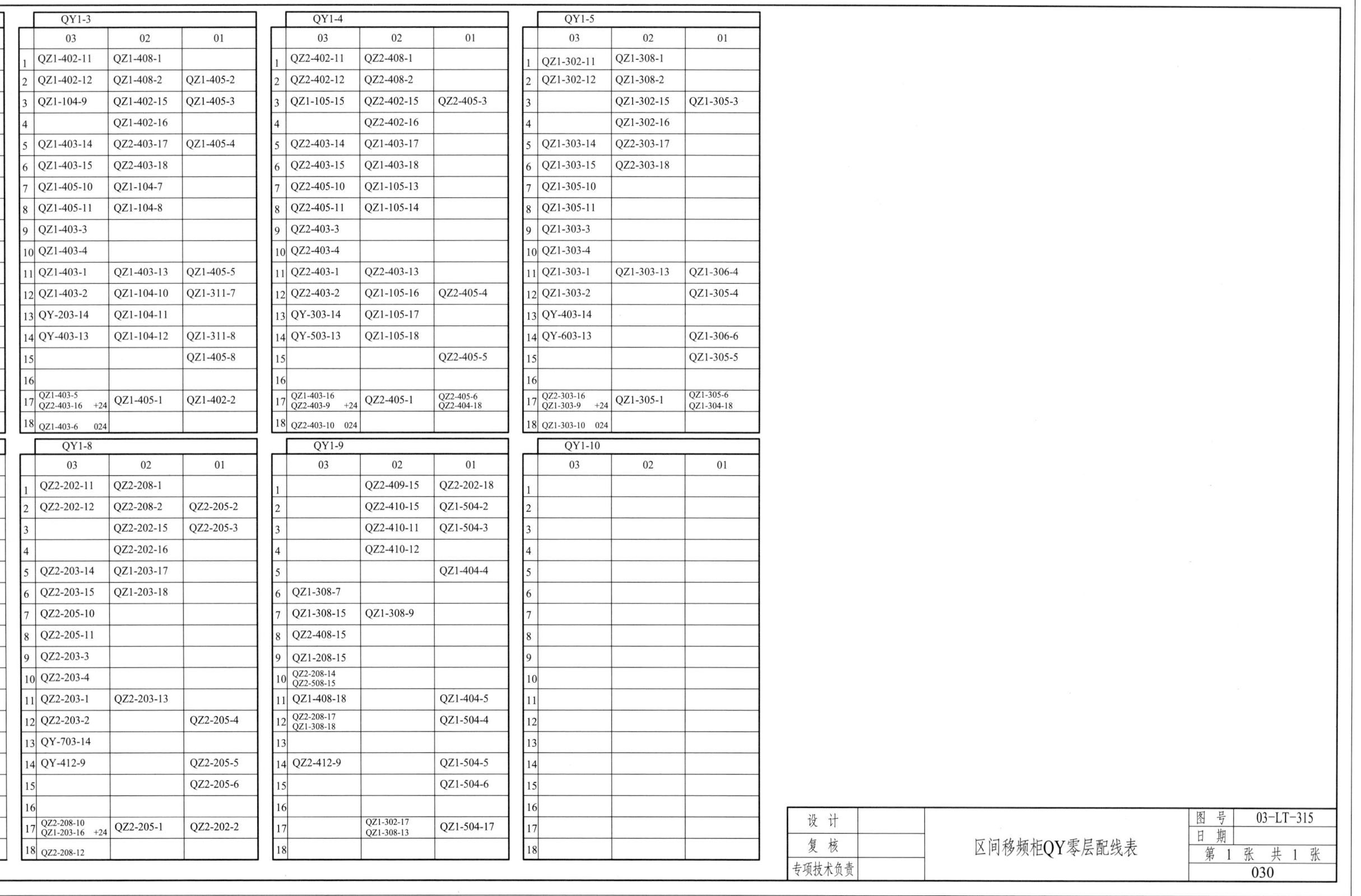

QY1-3	03	02	01
1	QZ1-402-11	QZ1-408-1	
2	QZ1-402-12	QZ1-408-2	QZ1-405-2
3	QZ1-104-9	QZ1-402-15	QZ1-405-3
4		QZ1-402-16	
5	QZ1-403-14	QZ2-403-17	QZ1-405-4
6	QZ1-403-15	QZ2-403-18	
7	QZ1-405-10	QZ1-104-7	
8	QZ1-405-11	QZ1-104-8	
9	QZ1-403-3		
10	QZ1-403-4		
11	QZ1-403-1	QZ1-403-13	QZ1-405-5
12	QZ1-403-2	QZ1-104-10	QZ1-311-7
13	QY-203-14	QZ1-104-11	
14	QY-403-13	QZ1-104-12	QZ1-311-8
15			QZ1-405-8
16			
17	QZ1-403-5 QZ2-403-16 +24	QZ1-405-1	QZ1-402-2
18	QZ1-403-6 024		

QY1-4	03	02	01
1	QZ2-402-11	QZ2-408-1	
2	QZ2-402-12	QZ2-408-2	
3	QZ1-105-15	QZ2-402-15	QZ2-405-3
4		QZ2-402-16	
5	QZ2-403-14	QZ1-403-17	
6	QZ2-403-15	QZ1-403-18	
7	QZ2-405-10	QZ1-105-13	
8	QZ2-405-11	QZ1-105-14	
9	QZ2-403-3		
10	QZ2-403-4		
11	QZ2-403-1	QZ2-403-13	
12	QZ2-403-2	QZ1-105-16	QZ2-405-4
13	QY-303-14	QZ1-105-17	
14	QY-503-13	QZ1-105-18	
15			QZ2-405-5
16			
17	QZ1-403-16 QZ2-403-9 +24	QZ2-405-1	QZ2-405-6 QZ2-404-18
18	QZ2-403-10 024		

QY1-5	03	02	01
1	QZ1-302-11	QZ1-308-1	
2	QZ1-302-12	QZ1-308-2	
3		QZ1-302-15	QZ1-305-3
4		QZ1-302-16	
5	QZ1-303-14	QZ2-303-17	
6	QZ1-303-15	QZ2-303-18	
7	QZ1-305-10		
8	QZ1-305-11		
9	QZ1-303-3		
10	QZ1-303-4		
11	QZ1-303-1	QZ1-303-13	QZ1-306-4
12	QZ1-303-2		QZ1-305-4
13	QY-403-14		
14	QY-603-13		QZ1-306-6
15			QZ1-305-5
16			
17	QZ2-303-16 QZ1-303-9 +24	QZ1-305-1	QZ1-305-6 QZ1-304-18
18	QZ1-303-10 024		

QY1-8	03	02	01
1	QZ2-202-11	QZ2-208-1	
2	QZ2-202-12	QZ2-208-2	QZ2-205-2
3		QZ2-202-15	QZ2-205-3
4		QZ2-202-16	
5	QZ2-203-14	QZ1-203-17	
6	QZ2-203-15	QZ1-203-18	
7	QZ2-205-10		
8	QZ2-205-11		
9	QZ2-203-3		
10	QZ2-203-4		
11	QZ2-203-1	QZ2-203-13	
12	QZ2-203-2		QZ2-205-4
13	QY-703-14		
14	QY-412-9		QZ2-205-5
15			QZ2-205-6
16			
17	QZ2-208-10 QZ1-203-16 +24	QZ2-205-1	QZ2-202-2
18	QZ2-208-12		

QY1-9	03	02	01
1		QZ2-409-15	QZ2-202-18
2		QZ2-410-15	QZ1-504-2
3		QZ2-410-11	QZ1-504-3
4		QZ2-410-12	
5			QZ1-404-4
6	QZ1-308-7		
7	QZ1-308-15	QZ1-308-9	
8	QZ2-408-15		
9	QZ1-208-15		
10	QZ2-208-14 QZ2-508-15		
11	QZ1-408-18		QZ1-404-5
12	QZ2-208-17 QZ1-308-18		QZ1-504-4
13			
14	QZ2-412-9		QZ1-504-5
15			QZ1-504-6
16			
17		QZ1-302-17 QZ1-308-13	QZ1-504-17
18			

QY1-10	03	02	01
1			
2			
3			
4			
5			
6			
7			
8			
9			
10			
11			
12			
13			
14			
15			
16			
17			
18			

设 计		区间移频柜QY零层配线表	图 号	03-LT-315
复 核			日 期	
专项技术负责			第 1 张 共 1 张	
			030	

31 FLE（防雷接地铜板条）							位置类型	32 DLE（电缆接地铜板条）								
本架组匣侧面端子							室外电缆铝护套、钢带、内屏蔽层、排流线接地									
	13		19				1	D1-17 ○	7	号电缆 ○	13	号电缆 ○	19	号电缆 ○		
	14		20				2	D28-17 ○	8	号电缆 ○	14	号电缆 ○	20	号电缆 ○		
	15		21				3	号电缆 ○	9	号电缆 ○	15	号电缆 ○	21	号电缆 ○		
	16		22				4	号电缆 ○	10	号电缆 ○	16	号电缆 ○	22	号电缆 ○		
	17		23				5	号电缆 ○	11	号电缆 ○	17	号电缆 ○	23	号电缆 ○		
	18		24		25	FLE	6	号电缆 ○	12	号电缆 ○	18	号电缆 ○	24	号电缆 ○	25	DLE

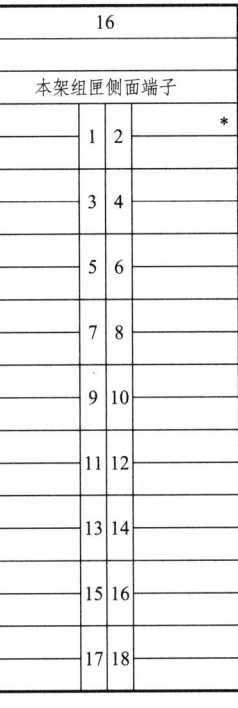

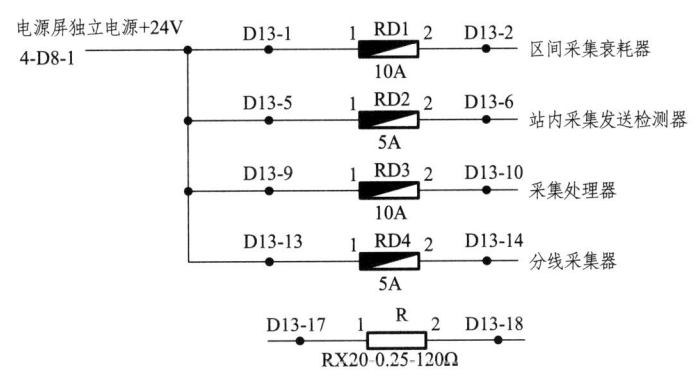

16			
本架组匣侧面端子			
	1	2	*
	3	4	
	5	6	
	7	8	
	9	10	
	11	12	
	13	14	
	15	16	
	17	18	

注：1. 表中带※者采用RVSZR2X32X0.2双芯绞型阻燃塑料线。
2. 表中带#者采用RVZR42X0.15阻燃塑料线。
3. 表中带○者采用RVZR48X0.2阻燃塑料线。
4. 表中带*者采用双芯话筒线SBVPVZR2X23X0.15。

设 计		区间综合架QZH零层配线表	图 号	03-LT-316
复 核			日 期	
专项技术负责			第 1 张 共 1 张	
			031	

1	
2	
3	
4	
5	
6	
7	
8	
9	
10	
11	
12	
13	
14	
15	
16	
17	
18	

1	
2	
3	
4	
5	
6	
7	
8	
9	
10	
11	
12	
13	
14	
15	
16	
17	
18	

26	27	28	29	30
室外电缆				室外电缆
组合端子	本架组匣侧面端子	本架组匣侧面端子	本架组匣侧面端子	组合端子
1 2	1 2	1 2	1 2	1 2
3 4	3 4	3 4	3 4	3 4
5 6	5 6	5 6	5 6	5 6
7 8	7 8	7 8	7 8	7 8
9 10	9 10	9 10	9 10	9 10
11 12	11 12	11 12	11 12	11 12
13 14	13 14	13 14	13 14	13 14
15 16	15 16	15 16	15 16	15 16
17 18	17 18	17 18	17 18	17 18

位置 类型			
1		7	
2		8	
3		9	
4		10	
5		11	
6		12	

10	11	12	13			14	15
室外电缆	室外电缆	室外电缆	熔断器，电阻板				
组合端子	组合端子	组合端子	本架组匣侧面端子			本架组匣侧面端子	本架组匣侧面端子
1 2	1 2	1 2	电源屏 +24V 5 ○ RD1-1 ○ +24	1 2	RD1-2 ○ +24	1 2	1 2
3 4	3 4	3 4		3 4	电源屏 024V 8 ○	3 4	3 4
5 6	5 6	5 6	1 9 ○ RD2-1 ○ +24	5 6	RD2-2 ○ +24	5 6	5 6
7 8	7 8	7 8		7 8	4 12 ○ 024	7 8	7 8
9 10	9 10	9 10	5 13 ○ RD3-1 ○ +24	9 10	RD3-2 ○ +24	9 10	9 10
11 12	11 12	11 12		11 12	8 16 ○ 024	11 12	11 12
13 14	13 14	13 14	9 ○ RD4-1 ○ +24	13 14	D15-17 RD4-2 ○ +24	13 14	13 14
15 16	15 16	15 16		15 16	12 ○ 024 D15-18	15 16	15 16
17 18	17 18	17 18	D29-15 * R-1 *	17 18	D29-16 * R-2 *	17 18 ○	17 18

					QZ1-1	ZH						
12	11	10	09	08	07	06	05	04	03	02	01	
			D10-3 204-12 KZ				QZH1-D02-5	QZH1-D01-7	QZ2-501-9		401-5	1
			D10-3 505-12 KZ				QZH1-D09-5	QZH1-D09-3	F1-904-5		F1-902-1	2
			D10-4 KF				QZH1-D02-2 6	MP-18-4	MP-16-5		MP-15-7	3
			09-6 KF				QZH1-D02-6	QZH1-D01-8	QZ2-501-10		401-6	4
			23-401-14				QZH1-D09-6	QZH1-D09-4	F1-904-6		F1-902-2	5
			09-4 KF				3	MP-18-1	MP-16-6		MP-15-8	6
							QZH1-D02-7	QY1-302-7		QZ2-501-5	401-7	7
							QZH1-D09-7	QY1-302-8		F1-904-1	F1-902-3	8
							MP-19-4	QY1-303-3		MP-16-1	MP-15-9	9
							QZH1-D02-8	QY1-302-12		QZ2-501-6	401-8	10
							QZH1-D09-8	QY1-302-13		F1-904-2	F1-902-4	11
							MP-19-1	QY1-302-14		MP-16-2	MP-15-10	12
							QY1-402-7	QZ1-408-9	QZH1-D01-5	QZ2-501-7	401-9	13
							QY1-402-8		QZH1-D09-1	F1-904-3	F1-902-5	14
							QY1-403-3		18	MP-16-3	MP-15-11	15
							QY1-402-12		QZH1-D01-6	QZ2-501-8	401-10	16
							QY1-402-13		QZH1-D09-2	F1-904-4	F1-902-6	17
							QY1-402-14		QZH1-D01-1 15	MP-16-4	MP-15-12	18

	12	11	10
1	312-1 D10-1 QKZ		
2	04-8 09-15 QKZ		
3	312-3 D10-2 QKF		306-11
4	QKF		301-11
5			
6			
7			
8			
9			
10			
11			
12			
13			
14			
15			
16			
17			
18			

				0213G	QZ1-4	U						
12	11	10	09	08	07	06	05	04	03	02	01	
2-1 2-1 QKZ				QY1-302-1			QY1-302-17		QY1-303-11		QZH1-D05-5	1
7-11 7-17 QKZ				QY1-302-2		404-9 304-6	QY1-301-2	504-2 QZ2-204-2	QY1-303-12	05-9 QY1-301-17	QZH1-D05-7	2
2-3 2-3 QKF		505-16 4		208-4			QY1-301-3	504-3 304-3	QY1-303-9		QZH1-D05-6	3
-17 QKF		501-11 3		508-3			QY1-301-5	QY1-901-5 307-3	QY1-303-10		QZH1-D05-8	4
				208-6			QY1-301-11	QY1-901-11 307-4	QY1-303-17		101-2	5
				508-5		22-801-12	311-7	504-4 310-7	QY1-303-18		101-4	6
				208-8		506-8	311-6	310-6		12-1006-12 09-17	101-7	7
		504-5 307-6		508-7		11-902-13	QY1-301-15	504-6 304-5		09-18 12-1006-11	101-10	8
						506-10	02-2	506-2 06-2	503-7	506-12	101-13	9
						11-902-14	QY1-303-7	12-1004-3	503-8	506-13	101-16	10
					412-2 13 QKZ		QY1-303-8	12-1004-16	503-5	QY1-303-1	12-1006-4	11
				504-1				504-12 304-12 KZ	503-6	QY1-303-2		12
				208-14	15 11 QKZ			14-701-13	QY1-302-11			13
				508-13	504-10	502-8			QY1-303-5			14
				208-15	13 17 QKZ	502-7	QZH1-4D-4	QZH1-4D-3	QY1-303-6	QY1-302-3	510-1	15
				208-17	504-16	506-16 11-902-15	12-1006-13	12-1005-14	QY1-403-17	QY1-302-4	510-2	16
			02-7	508-16	412-2 15 QKZ	506-17 412-4 QKF		12-1005-16	QY1-402-5	202-18		17
			02-8	QY1-903-11 508-18	504-11	506-18 11-903-15		12-1002-16	QY1-402-6	502-17		18

	12	11	10
1	D10-1 412-1 QKZ		401-15
2	11-906-11 21-706-11QKZ		401-16
3	D10-2 412-3 QKF		
4			
5			
6			
7			
8			
9			
10			
11			
12			
13			
14			
15			
16			
17			
18			

QZH1

17 室外电缆 组合端子

X-FQ 11-902-11	1	2	X-FH 11-1002-12
X-JQ QZ1-506-7	3	4	X-JH QZ1-506-9
	5	6	
SF-FQ 21-702-11	7	8	SF-FH 21-802-12
SF-JQ QZ1-206-5	9	10	SF-JH QZ1-206-8
	11	12	
	13	14	
	15	16	
	17	18	

18 室外电缆 组合端子

S-FQ 21-902-11	1	2	S-FH 21-1002-12
S-JQ QZ2-206-7	3	4	S-JH QZ2-206-9
	5	6	
XF-FQ 11-702-11	7	8	XF-FH 11-802-12
XF-JQ QZ2-506-5	9	10	XF-JH QZ2-506-8
	11	12	
	13	14	
	15	16	
	17	18	

19 室外电缆 组合端子

	1	2	
	3	4	
	5	6	
	7	8	
	9	10	
	11	12	
	13	14	
	15	16	
	17	18	

20 室外电缆 组合端子

X-ZL1 QZ1-507-13	1	2	X-ZL1H QZ1-509-10
X-ZL2 QZ1-504-7	3	4	X-ZL2H QZ1-507-11
X-ZL3 QZ1-509-18	5	6	X-ZL3H QZ1-509-17
X-ZL4 QZ1-502-13	7	8	X-ZL4H QZ1-502-14
	9	10	
	11	12	
	13	14	
	15	16	
	17	18	

21 室外电缆 组合端子

SF-ZL1 QZ1-204-10	1	2	SF-ZL1H QZ1-205-17
SF-ZL2 QZ1-204-11	3	4	SF-ZL2H QZ1-204-16
SF-ZL3 QZ1-203-7	5	6	SF-ZL3H QZ1-203-8
SF-ZL4 QZ1-209-17	7	8	SF-ZL4H QZ1-209-18
	9	10	
	11	12	
	13	14	
	15	16	
	17	18	

22 室外电缆 组合端子

S-ZL1 QZ2-207-13	1	2	S-ZL1H QZ2-209-10
S-ZL2 QZ2-204-7	3	4	S-ZL2H QZ2-207-11
S-ZL3 QZ2-209-18	5	6	S-ZL3H QZ2-209-17
S-ZL4 QZ2-202-13	7	8	S-ZL4H QZ2-202-14
	9	10	
	11	12	
	13	14	
	15	16	
	17	18	

23 室外电缆 组合端子

XF-ZL1 QZ2-504-10	1	2	XF-ZL1H QZ2-505-17
XF-ZL2 QZ2-504-11	3	4	XF-ZL2H QZ2-504-16
XF-ZL3 QZ2-503-7	5	6	XF-ZL3H QZ2-503-8
XF-ZL4 QZ2-509-17	7	8	XF-ZL4H QZ2-509-18
	9	10	
	11	12	
	13	14	
	15	16	
	17	18	

24 室外电缆 组合端子

	1	2	
	3	4	
	5	6	
	7	8	
	9	10	
	11	12	
	13	14	
	15	16	
	17	18	

25 室外电缆 组合端子

DH	1	2	
	3	4	
	5	6	
Q1# 贯通	7	8	
Q3# 贯通	9	10	
	11	12	
	13	14	
	15	16	
	17	18	

QZH1

01 室外电缆 组合端子

0201G-FS △ 9-1-31 ※ QZ1-103-18 2	1	2	0201G-JS △ 9-2-31 ※ 1 13
0201G-FSH △ 9-1-32 ※ MP-17-16	3	4	0201G-JSH △ 9-2-32 ※ MP-17-13
0213G-FS △ 9-3-31 QZ1-103-13 ※	5	6	0213G-JS △ 9-4-31 ※ QZ1-103-16
0213G-FSH △ 9-3-32 ※ QZ1-104-1	7	8	0213G-JSH △ 9-4-32 ※ QZ1-104-4
X1LQG-FS △ 9-5-31 ※ 10 14	9	10	X1LQG-JS △ 9-6-31 ※ 9
X1LQG-FSH △ 9-5-32 ※ MP-17-4	11	12	X1LQG-JSH △ 9-6-32 ※ MP-17-1
0233G-FS △ 9-7-31 ※ 14 2	13	14	0233G-JS △ 9-8-31 ※ 13 9
0233G-FSH △ 9-7-32 ※ MP-17-10	15	16	0233G-JSH △ 9-8-32 ※ MP-17-7
排流线 QZH-DEL-1 ○ D2-17 DLE	17	18	排流线 QZH-DEL-2 ○ D2-18 # DLE

02 室外电缆 组合端子

0214G-FS △ 8-1-31 ※ 2 14	1	2	0214G-JS △ 8-2-31 ※ QZ1-105-3
0214G-FSH △ 8-1-32 ※ MP-19-10	3	4	0214G-JSH △ 8-2-32 ※ MP-19-7
S1LQG-FS △ 8-3-31 ※ QZ1-105-1	5	6	S1LQG-JS △ 8-4-31 ※ QZ1-105-4
S1LQG-FSH △ 8-3-32 ※ QZ1-105-7	7	8	S1LQG-JSH △ 8-4-32 ※ QZ1-105-10
0234G-FS △ 8-5-31 ※ 10	9	10	0234G-JS △ 8-6-31 ※ 9 13
0234G-FSH △ 8-5-32 ※ MP-18-10	11	12	0234G-JSH △ 8-6-32 ※ MP-18-7
0246G-FS △ 8-7-31 ※ 14 10	13	14	0246G-JS △ 8-8-31 ※ 13 1
0246G-FSH △ 8-7-32 ※ MP-19-16	15	16	0246G-JSH △ 8-8-32 ※ MP-19-13
排流线 D1-17 # D3-17 # DLE	17	18	排流线 D1-18 # D3-18 # DLE

03 室外电缆 组合端子

△ 7-1-31 ※	1	2	△ 7-2-31 ※
△ 7-1-32 ※	3	4	△ 7-2-32 ※
△ 7-3-31 ※	5	6	△ 7-4-31 ※
△ 7-3-32 ※	7	8	△ 7-4-32 ※
△ 7-5-31 ※	9	10	△ 7-6-31 ※
△ 7-5-32 ※	11	12	△ 7-6-32 ※
△ 7-7-31 ※	13	14	△ 7-8-31 ※
△ 7-7-32 ※	15	16	△ 7-8-32 ※
排流线 D2-17 D4-17 # DLE	17	18	排流线 D2-18 # D4-18 # DLE

04 室外电缆 组合端子

△ 6-1-31 ※	1	2	△ 6-2-31 ※
△ 6-1-32 ※	3	4	△ 6-2-32 ※
△ 6-3-31 ※	5	6	△ 6-4-31 ※
△ 6-3-32 ※	7	8	△ 6-4-32 ※
△ 6-5-31 ※	9	10	△ 6-6-31 ※
△ 6-5-32 ※	11	12	△ 6-6-32 ※
△ 6-7-31 ※	13	14	△ 6-8-31 ※
△ 6-7-32 ※	15	16	△ 6-8-32 ※
排流线 D3-17 # D5-17 # DLE	17	18	排流线 D3-18 # D5-18 # DLE

05 室外电缆 组合端子

9-1-1 △ QZ1-501-1 ※	1	2	9-2-1 △ QZ1-501-3 ※
9-1-2 △ QZ1-501-2 ※	3	4	9-2-2 △ QZ1-501-4 ※
9-3-1 △ QZ1-401-1 ※	5	6	9-4-1 △ QZ1-401-3 ※
9-3-2 △ QZ1-401-2 ※	7	8	9-4-2 △ QZ1-401-4 ※
9-5-1 △ QZ1-301-1 ※	9	10	9-6-1 △ QZ1-301-3 ※
9-5-2 △ QZ1-301-2 ※	11	12	9-6-2 △ QZ1-301-4 ※
9-7-1 △ QZ1-201-1 ※	13	14	9-8-1 △ QZ1-201-3 ※
9-7-2 △ QZ1-201-2 ※	15	16	9-8-2 △ QZ1-201-4 ※
排流线 D4-17 # D6-17 # DLE	17	18	排流线 D4-18 # D6-18 # DLE

06 室外电缆 组合端子

8-1-1 △ QZ2-501-1 ※	1	2	8-2-1 △ QZ2-501-3 ※
8-1-2 △ QZ2-501-2 ※	3	4	8-2-2 △ QZ2-501-4 ※
8-3-1 △ QZ2-401-1 ※	5	6	8-4-1 △ QZ2-401-3 ※
8-3-2 △ QZ2-401-2 ※	7	8	8-4-2 △ QZ2-401-4 ※
8-5-1 △ QZ2-301-1 ※	9	10	8-6-1 △ QZ2-301-3 ※
8-5-2 △ QZ2-301-2 ※	11	12	8-6-2 △ QZ2-301-4 ※
8-7-1 △ QZ2-201-1 ※	13	14	8-8-1 △ QZ2-201-3 ※
8-7-2 △ QZ2-201-2 ※	15	16	8-8-2 △ QZ2-201-4 ※
排流线 D5-17 # D7-17 # DLE	17	18	排流线 D5-18 # D7-18 # DLE

07 室外电缆 组合端子

7-1-1 △ ※	1	2	7-2-1 △ ※
7-1-2 △ ※	3	4	7-2-2 △ ※
7-3-1 △ ※	5	6	7-4-1 △ ※
7-3-2 △ ※	7	8	7-4-2 △ ※
7-5-1 △ ※	9	10	7-6-1 △ ※
7-5-2 △ ※	11	12	7-6-2 △ ※
7-7-1 △ ※	13	14	7-8-1 △ ※
7-7-2 △ ※	15	16	7-8-2 △ ※
排流线 D6-17 # D8-17 # DLE	17	18	排流线 D6-18 # D8-18 # DLE

08 室外电缆 组合端子

6-1-1 △ ※	1	2	6-2-1 △ ※
6-1-2 △ ※	3	4	6-2-2 △ ※
6-3-1 △ ※	5	6	6-4-1 △ ※
6-3-2 △ ※	7	8	6-4-2 △ ※
6-5-1 △ ※	9	10	6-6-1 △ ※
6-5-2 △ ※	11	12	6-6-2 △ ※
6-7-1 △ ※	13	14	6-8-1 △ ※
6-7-2 △ ※	15	16	6-8-2 △ ※
排流线 QZH-DEL-1 # D7-17 # DLE	17	18	排流线 D7-18 # D14-18 # DLE

09 室外电缆 组合端子

0213G-FS QZ1-103-14	1	2	02 Q
0213G-FSH QZ1-104-2	3	4	0. Q
S1LQG-FS QZ1-105-2	5	6	S Q
S1LQG-FSH QZ1-105-8	7	8	S Q
	9	10	
	11	12	
	13	14	
	15	16	
	17	18	

	0233G	QZ1-2	L(JF)						
09	08	07	06	05	04	03	02	01	
	QY1-702-1			QY1-702-17		QY1-703-11		QZH1-D05-13	1
	QY1-702-2		04-6 301-18	307-12	301-12	QY1-703-12	307-18 QY1-701-17	QZH1-D05-15	2
	308-4			307-13 QY1-701-3	304-3 301-13	QY1-703-9		QZH1-D05-14	3
	408-3			307-16 QY1-701-12	307-5 301-16	QY1-703-10		QZH1-D05-16	4
	308-6		QZH1-D17-9	QY1-701-15	304-5 QZ2-204-6		7	F1-903-1	5
	408-5		306-7	QY1-701-17	305-18 06-2		8	F1-903-2	6
QKZ	308-8			09-7 04-8 QKZ	304-1	QZH1-D21-5	5	F1-903-3	7
	408-7		QZH1-D17-10		212-2 05-7 QKZ	QZH1-D21-6	6	F1-903-4	8
			306-9		304-11	303-7	306-12	F1-903-5	9
	QY1-703-17			QY1-703-7	306-14 QZH1-D21-1	303-8	306-13	F1-903-6	10
				QY1-703-8	309-13 QZH1-D21-3	303-5	QY1-703-1		11
	QY1-703-18			304-12 04-12 KZ	109-1 05-12 KZ	303-6	QY1-703-2		12
QKZ	308-14			14-701-11	23-701-8	QY1-702-11	304-7		13
	408-13		302-8			QY1-703-5		D10-13 SQZ	14
2 QKZ	QY1-903-9 408-15		302-7	QZH1-4D-6	QZH1-4D-5	QY1-703-6	QY1-702-3	310-1	15
14 SQF	308-17	304-10	306-16		309-14 QZH1-D21-4	QY1-803-17	QY1-702-4	310-2	16
1-D21-7	408-16		306-17 QKF	306-15 QZH1-D21-2	305-7	QY1-802-5	302-18		17
1-D21-8	308-18 QZ2-408-18		306-18			QY1-802-6	402-17		18

					X1LQG	QZ1-3	1LQ						
	12	11	10	09	08	07	06	05	04	03	02	01	
1	412-1 212-1 QKZ		201-15		QY1-502-1			QY1-502-17	204-7	QY1-503-11	22-904-3	QZH1-D05-9	1
2	12-1005-15 12-701-1 QKZ		201-16		QY1-502-2					QY1-503-12	22-902-16	QZH1-D05-11	2
3	412-3 212-3 QKF				QZ2-410-16	404-4 301-14	QY1-501-5	QY1-501-3	404-3 204-3	QY1-503-9	22-904-16	QZH1-D05-10	3
4	06-17 QKF				208-3	404-5 301-15	QY1-501-11	06-5 QY1-501-12	10-7 07-5	QY1-503-10	12-801-2	QZH1-D05-12	4
5					QZ2-409-16	04-4 204-4	05-4	QY1-501-15	404-8 204-5	203-11	22-905-16		5
6		405-7	404-7		208-5	410-8 301-17	QY1-501-14	QY1-501-17	406-2 304-15	203-12			6
7		405-6 QY1-301-12	404-6 04-4		QY1-903-6		206-6	204-17	202-13	203-9	206-15		7
8		QY1-301-14			208-7		21-702-13			203-10	206-14		8
9	M1-D7-5 IOZ						206-9			QY1-503-17			9
10	JKD-1009-18						21-702-14	QY1-503-7	207-16	QY1-503-18			10
11			QY1-102-17				210-3	QY1-503-8	204-9		QY1-503-1	210-4	11
12			QY1-103-16			205-2	202-9		205-12 404-12 KZ		QY1-503-2	204-2	12
13				204-11	QY1-902-17	205-3	202-10		23-701-7	QY1-502-11		204-3 QZ2-204-3	13
14				204-16	208-13	QY1-701-5	204-10			QY1-503-5		07-3 QZ2-304-4	14
15					QY1-903-7 508-15	QY1-701-11	205-17		04-6 05-18	QY1-503-6	QY1-502-3	307-4 QZ2-304-5	15
16					02-17	205-4	21-703-15 206-16			QY1-603-17	QY1-502-4	204-4 QZ2-204-4	16
17					208-16	QY1-701-14	206-17 312-4 QKF			QY1-602-5	08-16 QY1-902-17	307-6 QZ2-204-5	17
18					QY1-903-12 208-18	202-2	21-702-15 206-18	04-15 204-6	QY1-501-17	QY1-602-6	202-17	206-2 QZ2-204-17	18

	0201G	QZ1-5	LU(F)						
09	08	07	06	05	04	03	02	01	
	QY1-102-1		03-10	QY1-102-17	408-12	QY1-103-11		QZH1-D05-1	1
	QY1-102-2		04-17 404-9	QY1-101-2	QY1-901-2 404-2	QY1-103-12	05-17 QY1-101-17	QZH1-D05-3	2
	408-4			QY1-101-3	QY1-901-3 404-3	QY1-103-9		QZH1-D05-2	3
	QZ2-408-3			QY1-101-12	QY1-901-12 404-6	QY1-103-10		QZH1-D05-4	4
	408-6			QY1-101-14	QY1-901-14 410-8	403-11	03-11	F1-901-1	5
	QZ2-408-5			QY1-101-15	QY1-901-15 404-8	403-12	03-12	F1-901-2	6
	408-8		QZH1-D17-3	04-9	QZH1-D20-3	403-9	406-15	F1-901-3	7
	QZ2-408-7		406-7	04-18 09-16 XQF	09-15 01-14 XQZ	403-10	406-14	F1-901-4	8
			QZH1-D17-4	06-11	05-7	08-11		F1-901-5	9
-D20-2	QY1-103-17		406-9	QY1-103-7	407-14	06-1		F1-901-6	10
	03-9	QZH1-D20-4	05-9	QY1-103-8	407-18	02-5	QY1-103-1	410-4	11
	QY1-103-18	16	402-9	109-2 04-12 KZ	05-12 404-12 KZ	02-6	QY1-103-2		12
	408-14	QZH1-D20-1	402-10	23-701-10	14-701-12	QY1-102-11	QZH1-D20-7		13
	QZ2-408-13					QY1-103-5	QZH1-D20-8	04-8 D10-11 XQZ	14
1 XQZ	308-15			QZH1-4D-2	QZH1-4D-1	QY1-103-6	QY1-102-3		15
2 XQF	408-17	12	406-16	410-3	407-16	QY1-203-17	QY1-102-4		16
-D20-6	QZ2-408-16		406-17	502-2	QY1-901-17 06-2	QY1-202-5	402-18		17
-D20-5	408-18 QZ2-308-18		406-18	09-9	05-8 D10-12 XQF	QY1-202-6	QZ2-402-17		18

设计		区间组合架侧面配线表(QZ1)	图号	03-LT-317
复核			日期	
专项技术负责			第 1 张 共 2 张	
			032	

					S	QZ2-1	ZL						
	12	11	10	09	08	07	06	05	04	03	02	01	
1													1
2													2
3													3
4													4
5													5
6													6
7													7
8													8
9													9
10													10
11													11
12													12
13													13
14													14
15													15
16													16
17													17
18													18

					0246G	QZ2-2	LU(F)		
	12	11	10	09	08	07	06	05	04
1	312-1 D10-1 QKZ		301-15		QY1-802-1		03-10	QY1-802-17	308-12
2	22-1005-15 22-701-1 QKZ		301-16		QY1-802-2		04-17 304-9	QY1-801-2	QZ1-404-2 304-2
3	312-3 D10-2 QKF				308-4			QY1-801-3	QZ1-301-13 304-3
4	QKF							QY1-801-12	QZ1-301-16 304-6
5					308-6			QY1-801-14	QZ1-301-17 310-8
6								QY1-801-15	QZ1-204-5 304-8
7					308-8		QZH1-D18-3	04-9	QZH1-D22-3
8							306-7	04-18 09-16 SQF	01-14 09-15 SQZ
9				05-18			QZH1-D18-4	06-11	05-7
10				QZH1-D22-2	QY1-803-17		306-9	QY1-803-7	307-14
11					03-9	QZH1-D22-4	05-9	QY1-803-8	307-18
12					QY1-803-18	16	302-9	304-12 04-12 KZ	D10-3 05-12 KZ
13					308-4	QZH1-D22-1	302-10	14-701-10	23-701-12
14					308-15 QY1-903-10				
15				04-8 D10-11 SQZ	408-15			QZH1-3D-6	QZH1-3D-5
16				05-8 D10-12 SQF	308-17	12	306-16	310-3	307-16
17				QZH1-D22-6	508-18 QY1-903-12		306-17 QKF	02-2	QZ1-301-18 06-2
18				QZH1-D22-5	308-18		306-18	09-9	05-8 D10-12 SQF

					S1LQG	QZ2-4	1LQ						
	12	11	10	09	08	07	06	05	04	03	02	01	
1	512-1 312-1 QKZ		501-15		QY1-402-1			QY1-402-17	504-7	QY1-403-11	12-904-3	QZH1-D06-5	1
2	QKZ		501-16		QY1-402-2					QY1-403-12	12-902-16	QZH1-D06-7	2
3	512-3 312-3 QKF				QZ1-508-4	304-4 01-14	QY1-401-5	QY1-401-3	304-3 504-3	QY1-403-9	12-904-16	QZH1-D06-6	3
4	06-17 QKF				508-3	304-5 01-15	QY1-401-11	06-5 QY1-401-12	10-7 07-5	QY1-403-10	22-701-2	QZH1-D06-8	4
5					QZ1-508-6	04-4 504-4	05-4	QY1-401-15	304-8 504-5	503-11	12-905-16		5
6		305-7	304-7		508-5	310-8 01-17	QY1-401-14	QY1-401-17	306-2 04-15	503-12			6
7		305-6 QY1-601-12	304-6 04-4		QZ1-508-8		506-6	504-17	502-13	503-9	506-15		7
8		QY1-601-14			508-7		11-702-13			503-10	506-14		8
9	QY1 903-14						506-9			QY1-403-17			9
10	QY1-102-18						11-702-14	QY1-403-7	507-16	QY1-403-18			10
11			QY1-902-3				510-3	QY1-403-8	504-9		QY1-403-1	510-4	11
12			QY1-902-4			505-2	502-9		304-12 504-12 KZ		QY1-403-2	504-2	12
13				504-11	QZ1-508-14	505-3	502-10		14-701-7	QY1-402-11		504-3	13
14				504-16	508-13	QY1-201-5	504-10			QY1-403-5		07-3	14
15			QY1-902-2	QY1-902-1	QY1-903-8 208-15	QY1-201-11	505-17		04-6 05-18	QY1-403-6	QY1-402-3	07-4	15
16			QZ1-308-3	QZ1-308-5	QZ1-508-17	505-4	506-16 11-703-15			QY1-303-17	QY1-402-4	504-4	16
17					QZ2-508-16	QY1-201-14	506-17 12-4 QKF			QY1-302-5	QZ1-502-18	07-6	17
18					QZ1-208-18 508-18	502-2	506-18 11-702-15	04-15 504-6	QY1-401-17	QY1-302-6	502-17	506-2	18

					0214G	QZ2-5	L(JF)		
	12	11	10	09	08	07	06	05	04
1	D10-1 412-1 QKZ				QY1-202-1			QY1-202-17	
2	04-8 09-15 QKZ				QY1-202-2		04-6 401-18	407-12	401-12
3	D10-2 412-3 QKF		406-11		408-4			407-13 QY1-201-3	404-3 401-13
4	QKF		401-11		308-3			407-16 QY1-201-12	407-5 401-16
5					408-6		QZH1-D18-9	QY1-201-15	404-5
6					308-5		406-7	QY1-201-17	405-18 06-2
7				05-7 13 QKZ	408-8			09-7 04-8 QKZ	404-1
8					308-7		QZH1-D18-10		512-2 05-7 QKZ
9							406-9		404-11
10					QY1-203-17			QY1-203-7	406-14 QZH1-D23-1
11								QY1-203-8	409-13 QZH1-D23-3
12					QY1-203-18			D10-3 04-12 KZ	404-12 05-12 KZ
13				15 7 QKZ	408-14			23-701-11	14-701-8
14					308-13		402-8		
15				13 512-2 QKZ	QY1-903-10 308-15		402-7	QZH1-3D-2	QZH1-3D-1
16				D10-12 XQF	408-17	404-10	406-16		409-14 QZH1-D23-4
17				QZH1-D23-7	308-16		406-17 QKF	406-15 QZH1-D23-2	405-7
18				QZH1-D23-8	208-17 408-18		406-18		

D		

	1	2	
	3	4	
	5	6	
	7	8	
	9	10	
	11	12	
	13	14	
	15	16	
	17	18	

D		

	1	2	
	3	4	
	5	6	
	7	8	
	9	10	
	11	12	
	13	14	
	15	16	
	17	18	

上行线信号机		QZH1-3
D		

QZ2-504-15	1	2	QZ2-505-15
QZ2-304-15	3	4	QZ2-305-15
QZ2-204-15	5	6	QZ2-205-15
	7	8	
	9	10	
	11	12	
	13	14	
	15	16	
电源屏-D QXJZ220(2)	17	18	电源屏-D QXJF220(2)

下行线信号机		QZH1-4
D		

QZ1-504-15	1	2	QZ1-505-15
QZ1-404-15	3	4	QZ1-405-15
QZ1-204-15	5	6	QZ1-205-15
	7	8	
	9	10	
	11	12	
	13	14	
	15	16	
电源屏-D QXJZ220(1)	17	18	电源屏-D QXJF220(1)

设 计		区间综合架QZH组合侧面配线表	图 号	03-LT-318
复 核			日 期	
专项技术负责			第 1 张 共 1 张	

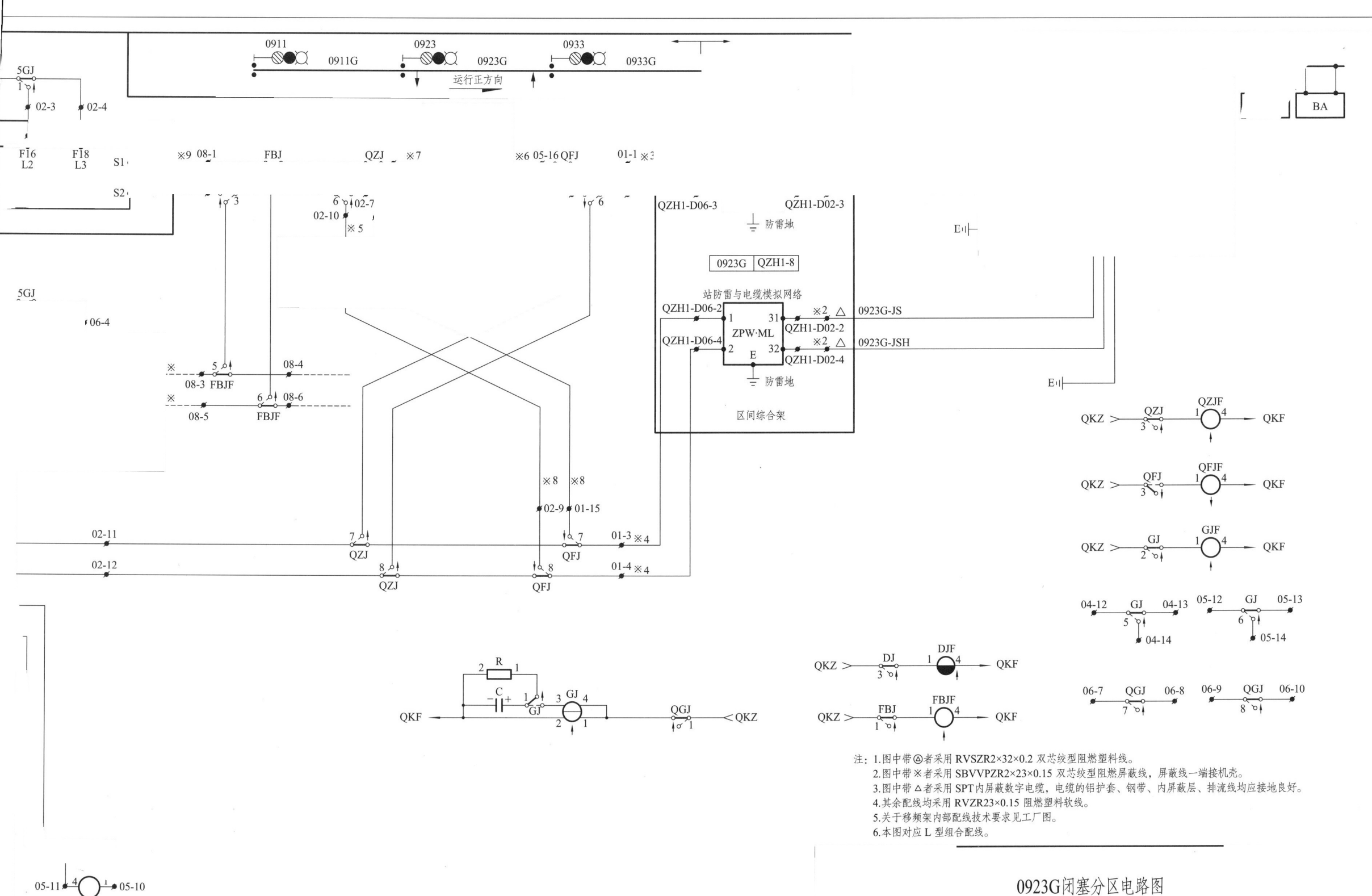

注：1.图中带Ⓐ者采用 RVSZR2×32×0.2 双芯绞型阻燃塑料线。
2.图中带※者采用 SBVVPZR2×23×0.15 双芯绞型阻燃屏蔽线，屏蔽线一端接机壳。
3.图中带△者采用 SPT 内屏蔽数字电缆，电缆的铝护套、钢带、内屏蔽层、排流线均应接地良好。
4.其余配线均采用 RVZR23×0.15 阻燃塑料软线。
5.关于移频架内部配线技术要求见工厂图。
6.本图对应 L 型组合配线。

0923G闭塞分区电路图

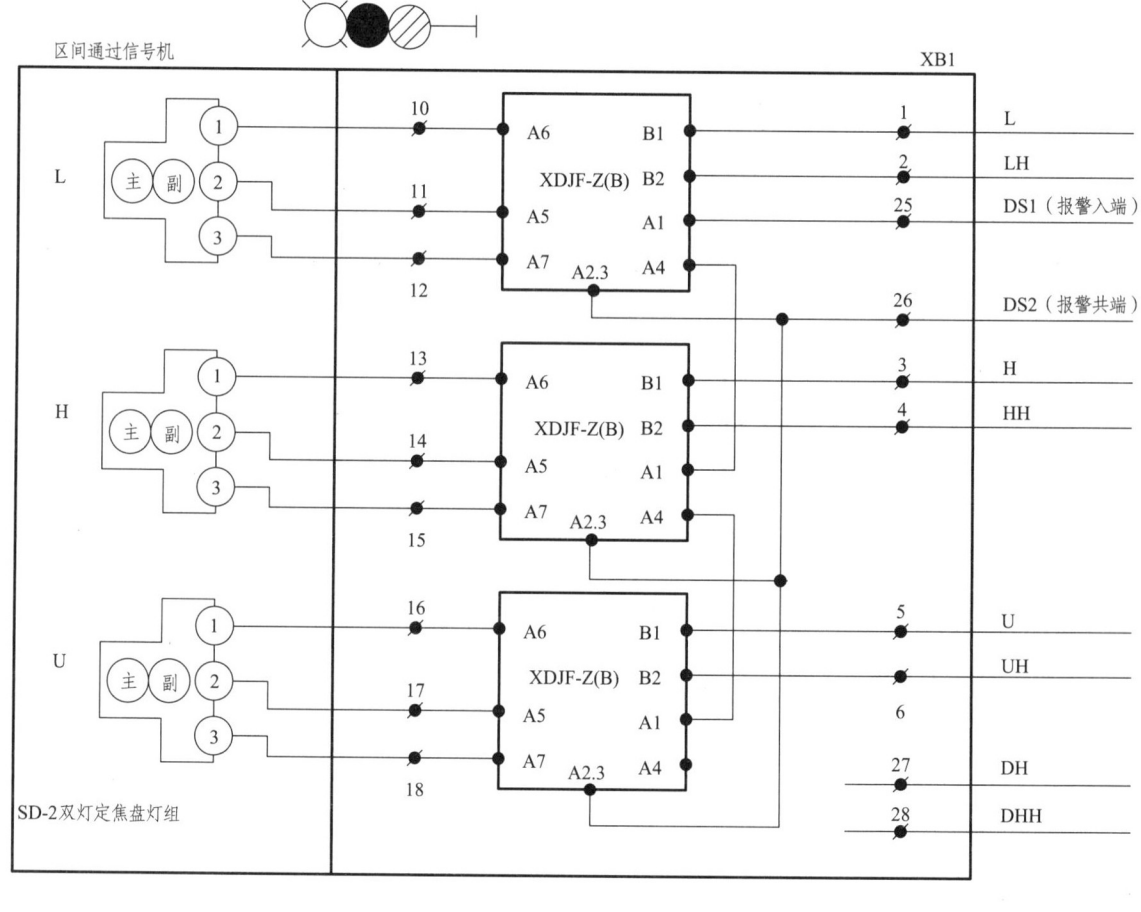

区间通过信号机

XB1

L

主 副

H

主 副

U

主 副

SD-2双灯定焦盘灯组

XDJF-Z(B)

A6 B1
    B2
A5 A1
A7 A2.3 A4

10
11
12

XDJF-Z(B)

A6 B1
    B2
A5 A1
A7 A2.3 A4

13
14
15

XDJF-Z(B)

A6 B1
    B2
A5 A1
A7 A2.3 A4

16
17
18

1   L
2   LH
25   DS1（报警入端）
26   DS2（报警共端）

3   H
4   HH

5   U
     UH
6
27   DH
28   DHH

设　计		综合实训基地区间通过信号机电缆接线图	图　号	03-LT-321
复　核			日　期	
专项技术负责			第 1 张　共 1 张	
			037	

	02	01	
1		QZH1-D06-13	1
2	05-17 QY1-801-17	QZH1-D06-15	2
		QZH1-D06-14	3
0		QZH1-D06-16	4
	03-11	F1-906-1	5
	03-12	F1-906-2	6
	306-15	F1-906-3	7
	306-14	F1-906-4	8
		F1-906-5	9
		F1-906-6	10
	QY1-803-1	310-4	11
	QY1-803-2		12
	QZH1-D22-7		13
	QZH1-D22-8	04-8 D10-11 SQZ	14
	QY1-802-3		15
7	QY1-802-4		16
	308-18		17
	QY1-901-1		18

					0234G	QZ2-3	U						
	12	11	10	09	08	07	06	05	04	03	02	01	
1	QKZ 212-1 412-1				QY1-602-1			QY1-602-17		QY1-603-11		QZH1-D06-9	1
2	07-11 07-17 QKZ				QY1-602-2		04-9 404-6	QY1-601-2	204-2	QY1-603-12	05-9 QY1-601-17	QZH1-D06-11	2
3	QKF 212-3 412-3		205-16 4		508-4			QY1-601-3	204-3 404-3	QY1-603-9		QZH1-D06-10	3
4	06-17 QKF		201-11 3		208-3			QY1-601-5	QZ1-301-14 407-3	QY1-603-10		QZH1-D06-12	4
5					508-6			QY1-601-11	QZ1-301-15 407-4	QY1-603-17		F1-905-1	5
6					208-5		12-701-2	411-7	204-4 410-7	QY1-603-18		F1-905-2	6
7					508-8		206-8	411-6	410-6		22-1006-12 09-17	F1-905-3	7
8			204-5 407-6		208-7		21-902-13	QY1-601-15	204-6 404-5		09-18 22-1006-11	F1-905-4	8
9							206-10	02-2	206-2 06-2	203-7	206-12	F1-905-5	9
10							21-902-14	QY1-603-7	22-1004-3	203-8	206-13	F1-905-6	10
11						312-2 13 QKZ		QY1-603-8	22-1004-16	203-5	QY1-603-1	22-1006-14	11
12					204-1				205-12 404-12 KZ	203-6	QY1-603-2		12
13					508-14	15 11 QKZ			23-701-13	QY1-602-11			13
14					208-13	204-10	202-8			QY1-603-5			14
15					208-14 508-15	13 17 QKZ	202-7	QZH1-3D-4	QZH1-3D-3	QY1-603-6	QY1-602-3	210-1	15
16					508-17	204-16	206-16 21-902-15	22-1006-13	22-1005-14	QY1-503-17	QY1-602-4	210-2	16
17				02-7	208-16	312-2 15 QKZ	206-17 312-4 QKF		22-1005-16	QY1-502-5	502-18		17
18				02-8	QZ1-508-18 208-18	204-11	206-18 21-903-15		22-1002-16	QY1-502-6	202-17		18

	02	01	
1		QZH1-D06-1	1
2	407-18 QY1-201-17	QZH1-D06-3	2
		QZH1-D06-2	3
0		QZH1-D06-4	4
	7	QZ1-102-7	5
	8	QZ1-102-10	6
-5	5	QZ1-102-13	7
-6	6	QZ1-102-16	8
	406-12	QZ1-103-1	9
	406-13	QZ1-103-4	10
	QY1-203-1		11
	QY1-203-2		12
	404-7		13
		D10-11 XQZ	14
	QY1-202-3	410-1	15
7	QY1-202-4	410-2	16
	402-18		17
	302-17		18

设 计		区间组合架侧面配线表(QZ2)	图 号	03-LT-317
复 核			日 期	
专项技术负责			第 2 张 共 2 张	
			033	

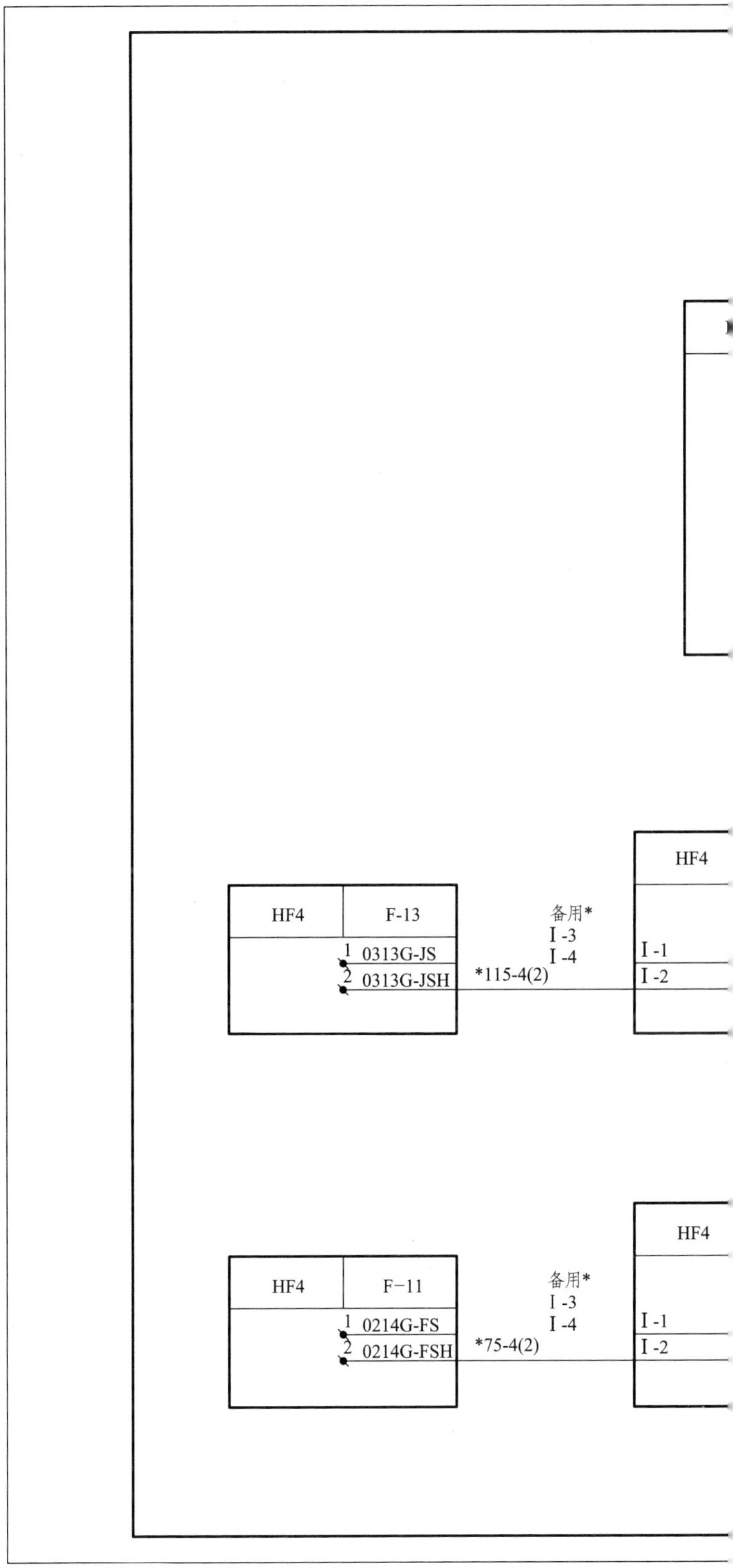

HF4	F-13	备用*		
		I -3		
	1 0313G-JS	I -4	I -1	
	2 0313G-JSH	*115-4(2)	I -2	

HF4	F-11	备用*		
		I -3		
	1 0214G-FS	I -4	I -1	
	2 0214G-FSH	*75-4(2)	I -2	

单置点支线示意图

进站口支线示意图

注：区间干线电缆带"*"的采用铝护套内屏蔽数字信号电缆，型号为：SPTYWPL23A/B，其余干线电缆采用铝护套数字信号电缆，型号为SPTYWL23。支线电缆和信号机采用综合护套数字信号电缆，型号为SPTYWA23。电缆径路根据现场实际情况以施工定测为准。

设　计		综合实训基地区间信号平面及电缆布置图	图　号	03-LT-319
复　核			日　期	
专项技术负责			第 1 张　共 1 张	
			035	

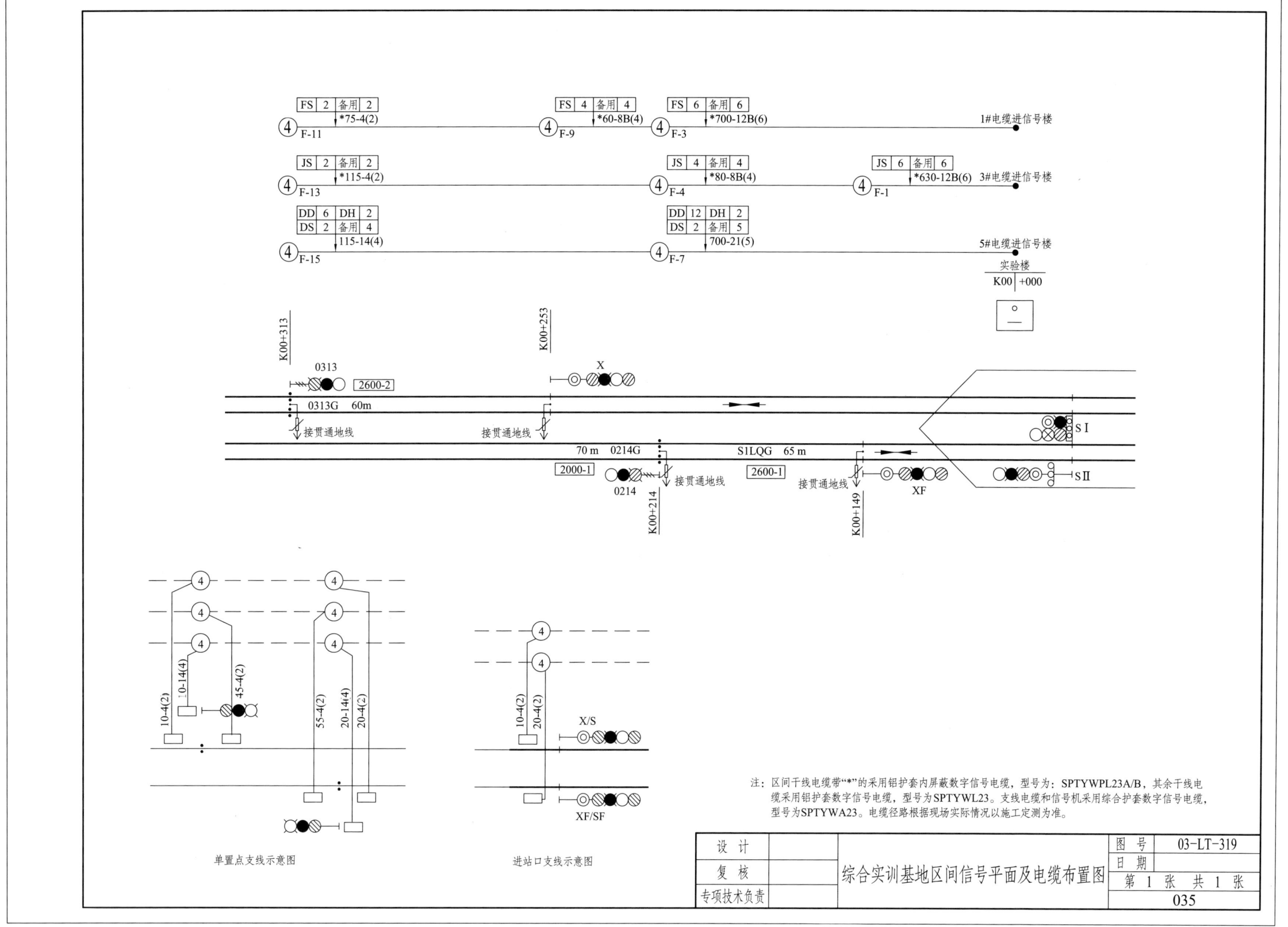

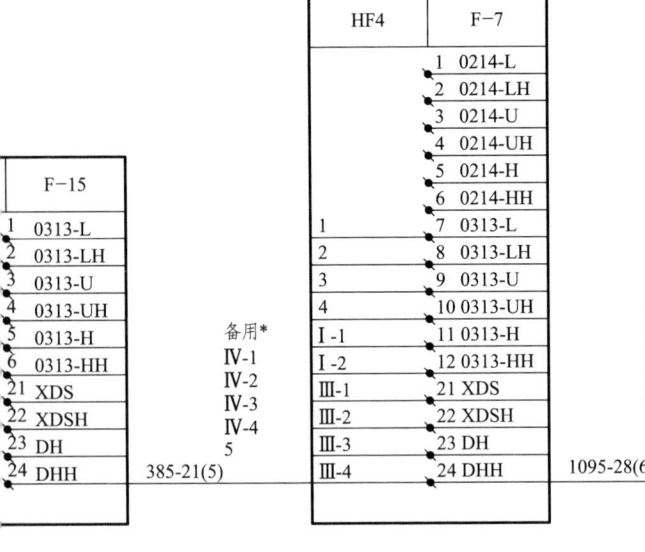

单置点电缆支线配线图

进站口处电缆支线配线图

设 计		综合实训基地区间干线电缆配线图	图 号	03-LT-320
复 核			日 期	
专项技术负责			第 1 张 共 1 张	
			036	

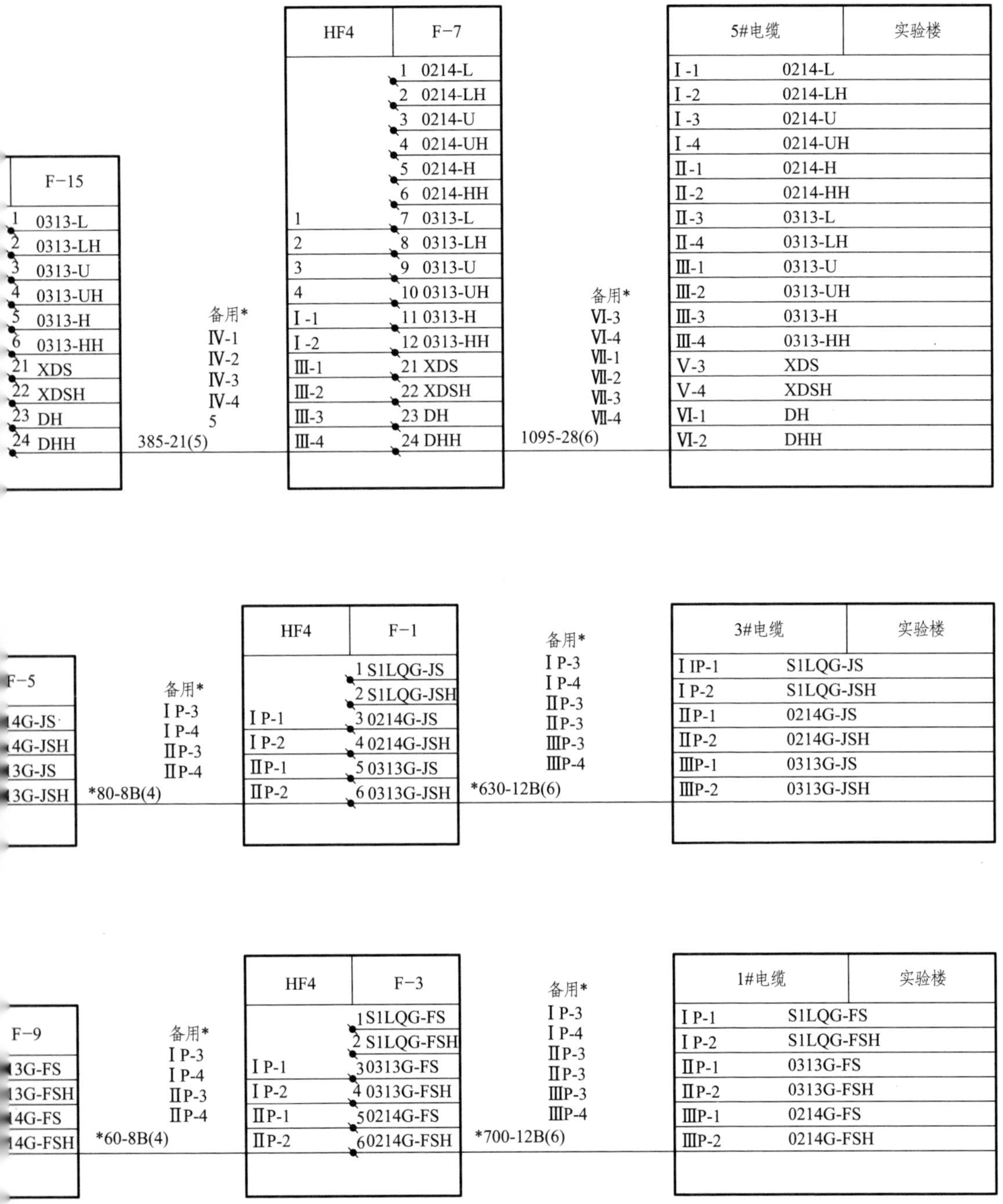

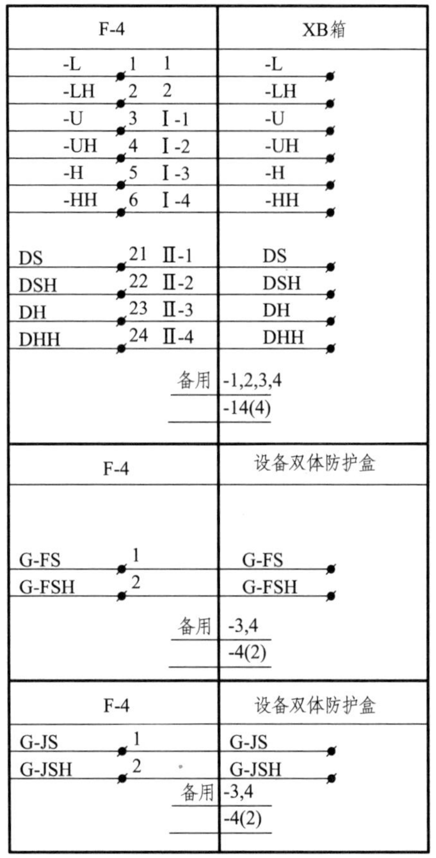

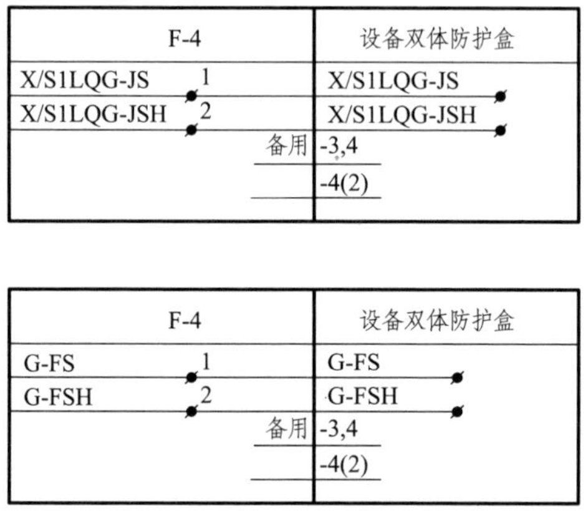

参考文献

[1] 中国铁路总公司. 铁路信号设计规范[S]. 北京：中国铁道出版社，2017.
[2] 中国铁路总公司. 铁路信号符号[S]. 北京：中国铁道出版社，2019.
[3] 中国铁路总公司. 铁路工程制图标准[S]. 北京：中国铁道出版社，2015.
[4] 田光超. 区间信号自动控制系统[M]. 成都：西南交通大学出版社，2017.

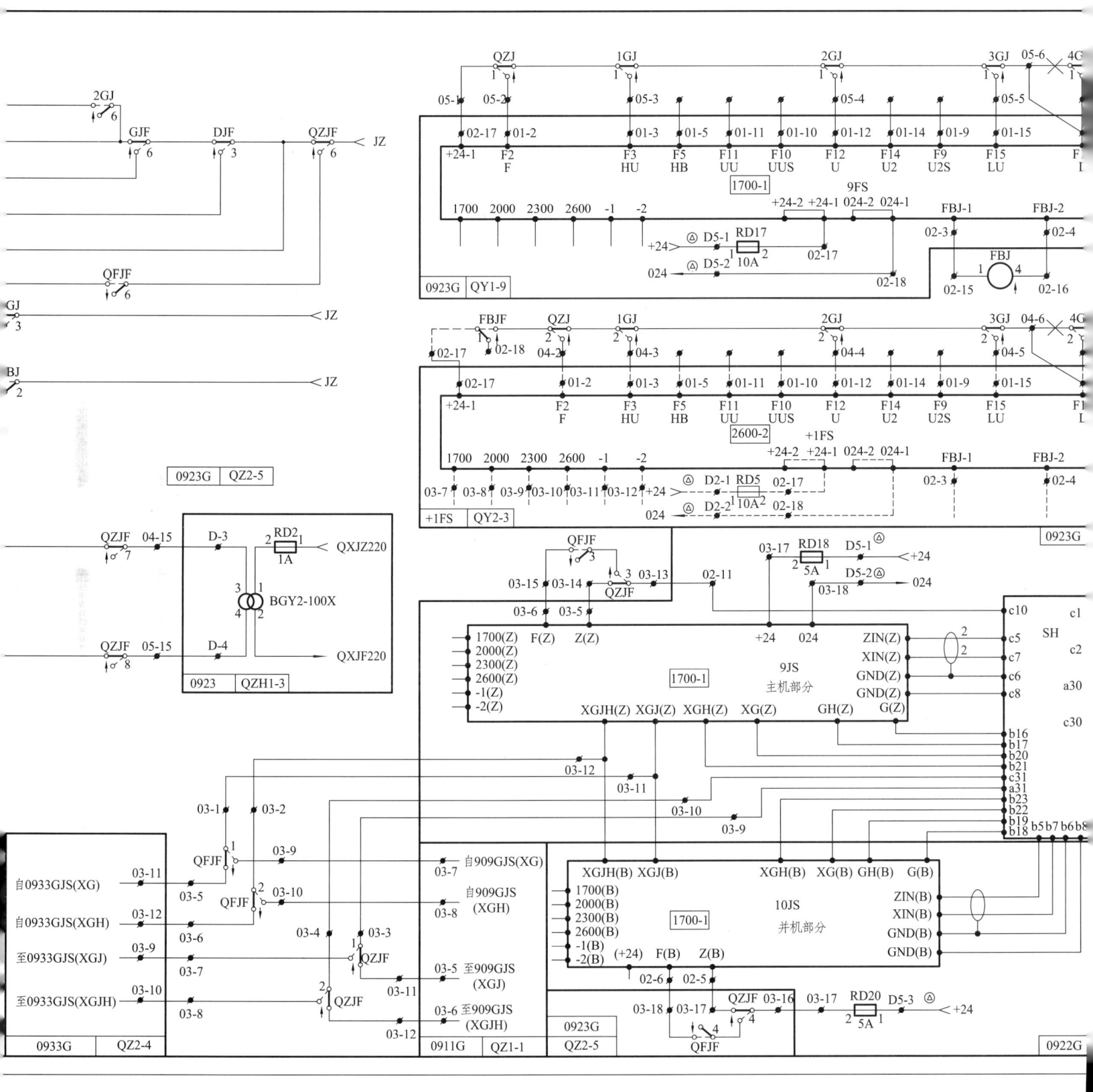

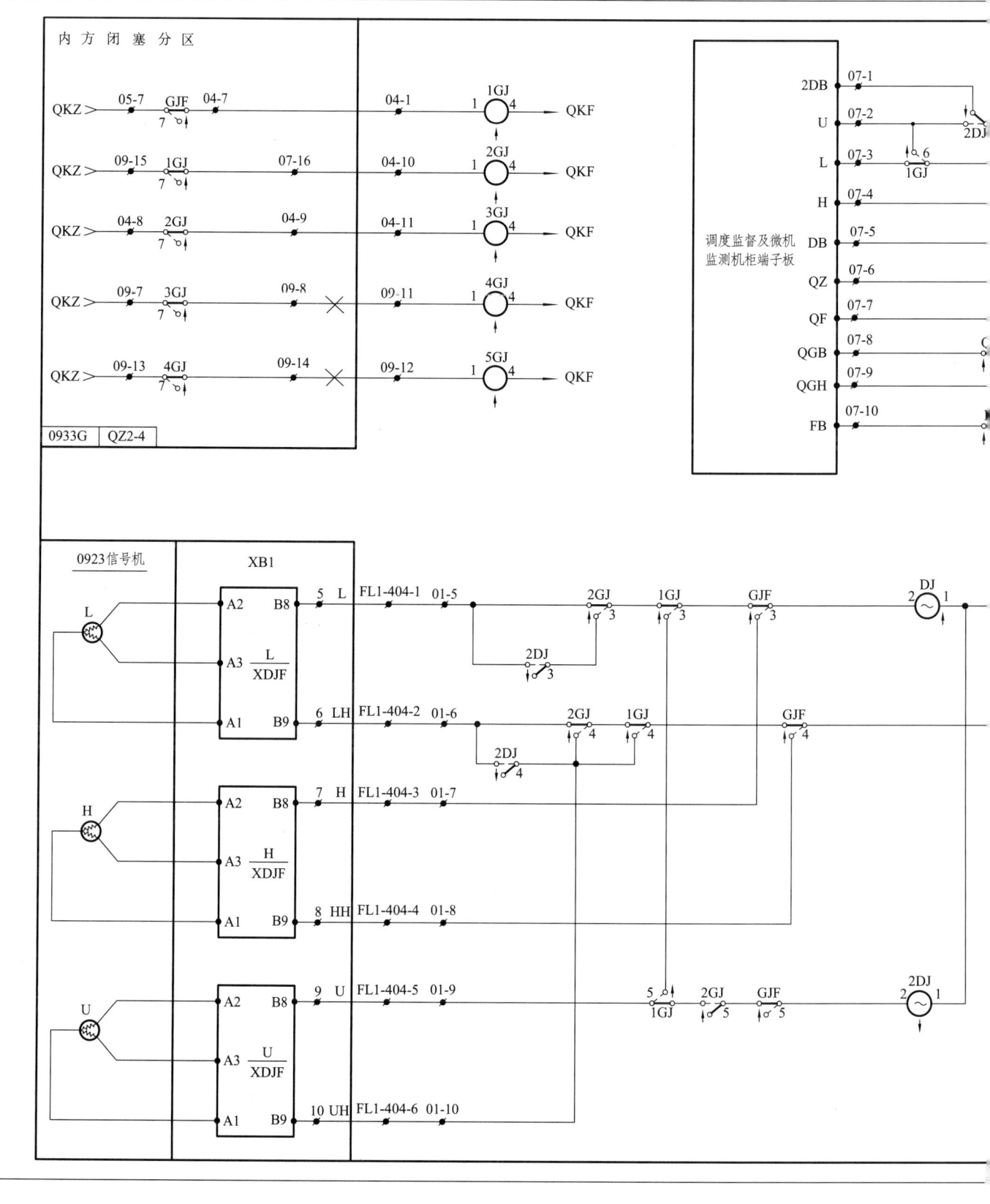